JN408845

의자가 있는 풍경

이광용 명상록

문학공원 수필선 77

의자가 있는 풍경

이광용 명상록

문학공원

책을 펴내며

글을 읽고 쓰는 마음

글을 읽을 때나 글을 쓸 때나 따뜻한 마음이 중요하다. 따뜻한 마음으로 글을 읽는다는 게 글을 무조건 긍정적으로 좋게만 받아들이라는 얘기는 아니다. 그건 글을 쓴 이의 마음을 느끼고 이해하는 것을 의미한다. 그 글을 쓴 사람의 마음을 헤아리고자 하는 따뜻한 마음이 있으면 세상에 무가치한 글이 있을 수 없고, 관심을 두지 못할 글이 있을 수 없다. 단순한 정보를 주는 글이든 마음을 표현한 글이든 그 글이 마음에 드는 것은 그 글을 쓴 사람이나 읽는 사람 간에 서로 통하는 관심이 있기 때문이다.

이렇게 서로 마음이 통하기 위하여서는 글을 쓸 때에도 따뜻한 마음으로 통해야 한다. 글을 쓰는 사람은 글의 소재가 되는 대상이나, 혹은 읽는 이의 마음을 느끼고 사랑하며 써야 하는 것이다. 물론 듣기 좋은 얘기만 쓰라는 게 아니다. 사람과 세상을 제대로 이해하려는 마음으로 글을 쓰라는 것이다. 그러한 글쓰기는 자신과 세계와의 공감 영역을 만들어내고 확대한다. 슬픔을 얘기하는 것이든, 기쁨을 얘기하는 것이든 그 글은 그것의 깊이와 넓이로 읽는 이의 마음을 자극한다. 그 글이 단순히 자신의 기분을 표현한 것이어도, 그러한 기분이 상호작용한 사물이나 사람, 혹은 주위 세계에 대하여 따뜻한 마음으로 반응하여 만들어지기 때문이다.

물론, 이런 글을 읽을 때 따뜻한 마음으로 읽지 않으면 글을 쓴 사람의 따뜻한 마음이 느껴질 수 없다. 따뜻한 마음의 작용이 없이 글 자체만으로 글이 지닌 느낌을 공감하고 이해하고 그것에 온전히 반응할 수는 없다. 따뜻한 마음만이 따뜻한 마음을 느낄 수 있고, 따뜻하지 않은 마음도 이해하고 받아들일 수 있는 것이다. 일상생활에서도 서로의 마음에 따뜻함이 흐를 때 마음의 소통이 더욱 빛나고 활발하지 않은가.

결국 주위 세계와도 서로 통하려면 글을 읽고 쓰는 일에서만이 아니라 주위를 돌아보는 일도 따뜻한 마음으로 해야 할 것이다. 물론 늘 따뜻한 마음을 가지고 살아가는 것은 힘들다. 주위 세상과 사물에 늘 따뜻한 마음으로 말을 건네기도 힘들다. 하지만 글을 읽고 쓸 때에는 따뜻한 마음을 준비할 수 있으므로 그게 가능하다. 그러다 보면 삶에서 따뜻한 마음이 드러나게 마련이다. 마음에 따뜻함을 키워주는 것, 이게 글을 읽고 쓰는 일이 주는 가장 큰 선물이 아닌가 싶다. 말을 잘할 수 없으면 글로 통해보는 것이다.

그래서 글을 쓰고 읽는 일은 사랑하는 일이다.

2025년 초봄, 정년퇴임을 앞두고

이 광 용

<서문>

하느님께 순종하고 자연에 순화하는 사람

김 순 진(문학평론가 · 한국문인협회 이사)

이광용 교수가 강단에서의 오랜 강의를 무사히 마치고 드디어 정년퇴임을 한다. 한 교수의 정년퇴임은 단순히 개인 학문의 완성을 넘어서 그가 속하였던 단체에 크게 기여하였던 바에 주목해야 한다. 요즘이야 여성이든 남성이든 공부하고 싶으면 누구나 대학에 진학하지만, 우리 세대가 대학에 갈 시절인 1980년대만 하더라도 특별히 공부를 잘하거나 부유한 집안의 딸을 제외하고는 여성들이 대학에 간다는 것은 어려운 시절이었다. 아직 봉건사상이 남아 있던 시절의 우리 남성들에게 여성들은 상대적으로 희생을 강요당할 수밖에 없는 시절이었다. 때문에 많은 젊은 여성들이 공장에 가거나 식모살이를 강요당하는 시절이었음으로 이를 직접 목격하고 체험하며 자란 이광용 교수의 수원여자대학교의 교수 임용은 본인에게 중요한 임무를 부여받았다는 사명감에 불타올랐을 것이다.

때문에 이광용 교수는 지식만을 가르쳐 학점을 따고 졸업시켜 내보내는 수단으로서의 교육이 아닌 여성을 한 인격체로 인식하고 사회의 한 구성원으로 당당히 살아갈 수 있도록 가르쳤을 것 같다. 영어영문학과란 단순히 한 나라의 언어를 배우는 과정이 아니라, 개화되고 선진화된 문물이 쓰여 있는 영문학을 공부하는 분야이기 때문이다.

나는 그의 강의를 들어본 바 없어서 그가 어떤 유머와 어떤 방식으로 강의를 해오셨는지는 잘 모른다. 그러나 일찍이 이광용 교수(시인)의 시집을 출판하고 그 작품해설을 썼던 문학평론가로서 느낀 바를 세 가지로 요약한다면 다음과 같다. 첫째. 그는 그 어떤 학자보다도 다양하게 책을 읽으며 공부를 열심히 하는 사람이었고, 둘째 가톨릭 신앙을 가지고 행동하는 양심에 따라 자신의 내면을 아름답게 채우는 사람이었으며, 셋째. 시인으로서 사물에 대하여 끊임 없이 말을 걸고 사물의 존재에 대한 탐구를 게을리하지 않는 사람이었다.

이광용 교수가 정년퇴임 문집을 하나 만들어야겠다고 전화를 걸어왔을 때 나는 몇 가지로 추측했었다. 첫째는 회고록 같은 것이리라 생각했다. 둘째는 시집이라 생각했다. 셋째는 적당히 다른 사람들의 글을 버무린 기념문집 정도로 생각했다. 그러나 그의 원고를 받아들고 나는 무릎을 칠 수밖에 없었다. 그는 나의 예상을 깨고 '명상록' 류의 원고를 보내왔기 때문이다.

나는 이광용 교수의 원고를 받아들고 한동안 멍하니 서 있어야만 했다. 이 교수의의 원고는 무엇을 주장하기 위한 이데올로기가 아니었고, 자기 지식자랑이나 인맥, 수상경력의 자랑도 아니었으며, 그저 세상을 살면서 잠깐잠깐 느낀 점을 호수 위로 피어오르는 아침 안개처럼 은은하게 풀어낸 작품으로 그야말로 하루를 시작하면서 마음가짐을 다잡거나, 하루 일과를 끝내고 고단한 몸을 풀면서 잠시 눈을 감고 하루를 마무리한 명상의 작품들이었다.

이에 나는 『의자가 있는 풍경』이란 무겁지도 않고 가볍지도 않은 작품 속의 한 제목을 표제로 삼아 크게 7부로 분류해나갔다. 분류의 양은 차례를 짤 때 한 페이지에 들어갈 수 있는 양이지 큰 의미는 없다. 그러나 나는 사물과 사회에 대한 통찰의 시학을 앞쪽 1, 2부에 전진 배치하고, 사생활이나 개인의 감정을 중간에 3, 4부로 배치했으며, 그를 견디고 바로 서게 한 가톨릭 신앙에 관한 부분을 5부에 배치했다. 그리고 6, 7부는 자연에 관한 부분인데 6부를 새해부터 여름까지의 작품으로 모으고, 그 뒤에 가을과 겨울 이야기를 7부로 모아 마무리했다. 여기서 각부별 내용을 조금 소개하자면 다음과 같다.

1부는 '모네의 정원', 2부는 2부는 '왕따의 법칙'이란 단락으로 앞서 말한 바와 같이 사회적 이슈나 서민들의 생활 방식 등에서 착안한 단상들로 그는 문제를 파헤치거나 문제의 해답을 찾으려 하는 것이 아니라 그런 방식이 있음을, 어떤 것이 최선의 방법인지에 대한 질문이 아니라 그런 시각에서 바라볼 수 있음을 은연중에 독자로 하여금 깨닫게 한다. 그는 그의 작품 모네의 정원에서 "모든 생명은 자신이 자리한 곳에서 제 특성을 살려 제 아름다움을 풍기고, 그것을 알아보고 찾아내는 사람을 만나 비로소 서로를 살리는 아름다운 인연이 된다."고 말하는데 이는 모든 생명과 사물이 자신의 일을 묵묵히 수행할 때 평화가 깃듦을 암시하는 대목이다. 이광용 교수는 디테일화되고 획일화 된 사회의 관점에서 조금 벗어나 개인화된 사적 관념을 중요시하여 '망각, 나이, 몸살, 이웃, 이어폰' 같은 지극히 사적인 감정에 대하여 '나라면 이런 상황에서 어떻게 처신할 것인가?'란 반문과 '나도 그럴 수밖에 없었을 것 같다.'는 자조를 통해 독자로 하여금 공감을 꾀하고 스스로는 성장을 선택한다.

3부는 '나의 노래', 4부는 '내 안의 숲'이라는 단락으로 이제 점점 더 사적인 감정에 치중하여 세상에 대하여 반목하고 포기하고 싶었던 나를 반성하며, 그럼에도 이만큼까지 힘들게 걸어온 나를 격려하고 노래한다. 그래서 그는 '시와 삶'의 인과 관계에 대하여 고민하고 스스로 해법을 모색하는데 「왜 시를 쓰냐고 묻거든 · 1」에서 보듯 그는 "서로를 놓지 않고 응원하며 살려주던 나무와 이파리. 나무가 살아 이파리가 살고 이파리가 살아 나무가 살았지만 이제 더 이상 서로를 살려낼 수 없음에도 여전히 죽은 이파리를 붙잡고 놓지 못하는 나무들을 위해 시를 쓴다."고 시를 쓰는 이유를 밝힌다. 그래서 그는 '책을 펴내며'에서 밝혔듯 "글을 쓰고 읽는 일은 사랑하는 일"이라고 말하는 것이다.

5부는 '프란치스코의 평화'란 단락으로 조금 특별한 단락이다. 왜냐하면 그를 지탱해온 그의 신앙심이 내재되어 있는 단락이기 때문이다. 이 책이 발행되기 전에 이광용 시인은 『절실하게』라는 시집을 우리 출판사인 도서출판 문학공원에서 발간했는데 이는 첫째 좀 더 하느님께 절실하게 간구하자는 뜻이 있고, 둘째는 사랑이든 학문이든 절실하게 하자는 의미이니 '프란치스코의 평화' 역시 좀 더 하느님한테 의지하고 맡겨 평화를 이루자는 뜻이고, 사랑이든 학문이든 평화를 도모하자는 뜻으로 읽힌다.

6부 '민들레 홀씨'와 7부 '나무가 말하길'이란 단락은 모두 인간이 새해를 맞아 한 해를 시작하고, 봄 · 여름 · 가을 · 겨울의 사계를 살면서 느낀 점과 감사한 마음, 되돌아보아야 할 마음을 성찰 형식을 빌려 쓴 단상들이다. 누구든 자연으로부터 자유로울 수 없고, 인간의 가장 큰 스승은 자연이란 말에 누구든 공감한다. 자연환경에 지배받는 인간의 생로병사 역시 작가들에게는 가장 큰 이슈가 아닐까 싶다. 그런 점에서 간과하지 않고 자연을 내 삶의 방식으로 채택한다는 것은 대단한 지혜다.

이에 나는 이 책에 나타난 이광용 교수의 주된 정신사상은 하느님께 순종하고 자연에 순화하는 사람이 아닐까 생각한다. 이광용 교수의 오랜 수고에 박수를 보내드린다.

차례

2부 왕따의 법칙

차례

3부 나의 노래

4부 내 안의 숲

차례

5부 프란치스코의 평화

6부 민들레 홀씨

차례

7부 나무가 말하길

1부
모네의 정원

감사로 시작하다

새삼스럽게 오늘은 감사하는 마음으로 하루를 시작해보기로 한다. 일어나면서 먼저 '감사합니다'하고 기도한다. 평안하게 나를 쉬게 해준 밤에 감사하고, 새롭게 나를 맞이해준 아침에 감사하고, 새벽 미사를 참례할 수 있게 해준 나의 건강에 감사하고, 오늘의 건강한 삶을 준비하는 가족들의 알뜰한 챙김에 감사한다. 익숙하지 않은 결심에 몸이 익숙해지는지 내 뒤를 졸졸 따라다니는 고양이에게도 특별 간식을 주며 그의 감사를 느낀다.

그렇게 감사하며 집 문을 나서다 보니, 이미 올라와 대기하고 있던 엘리베이터가 문을 열어 나를 반겨주고, 주차장 가는 길 화단에선 꽃양귀비가 꽃을 피워 기쁘게 나를 환영한다. 멋진 정원이 아니어도 많은 꽃이 아니어도 감사하다. 주차장 밖으로 차를 몰고 나오자 북한산이 성큼 내 앞에서 인사하고, 맑은 하늘과 바람과 공기가 부드럽게 나를 씻는다. 내가 씻기니 오래되고 촌스럽던 아파트가 낯설게 새롭다.

이 마음으로 시작한 하루가 감사하고 싶은 하루를 열어갈 것이다. 한쪽에서 시작한 감사의 마음이 다른 쪽에 감사의 꽃을 피운다. 내가 의미를 부여하는 대로 세상이 다가온다. 세상이 서로 감사하는 마음으로 연결되어 있어 오늘 내가 원하는 하루를 살아내야 하는 줄 안다. 복음의 하루가 시작되는 줄 안다.

가슴에 품은 외로운 섬

가슴에 외로운 섬 하나 품은 사람은 안다. 종종 그 섬을 치워버리고 싶을 때 있다. 바다도 그런 섬이 돌부리처럼 여겨질 때 있어, 어떤 날은 폭풍으로 몸부림치며 그 섬을 없애버리고 싶을 때 있지 않은가. 그래도 끝내 없애지 못하는 외로운 섬, 그 섬을 아픔처럼 가슴에 품은 사람은 안다.

그 섬은 아픔도 외로움도 아닌 살아있음 그 자체. 외로운 망망대해에서도 살아남는 삶의 역사. 망망대해를 방황하다 외롭게 떠밀려오는 생명들이 그 섬에 모여 외롭지 않게 살아내는 꿈을 꾼다. 온갖 생명이 모여 서로 의지하고 살린다. 그러니 차라리 그 섬을 그대로 살아있게 하자. 저 외로움 같은 섬이 돌부리처럼 자신을 넘어지게 만드는 것 같아도 그것에 걸려 영영 쓰러지지 말자. 그 외로움의 돌부리에 걸려 넘어지는 일 있다면 차라리 그 핑계로 그곳이 새로 시작하는 길이게 하자. 없애고 싶었던 건 자신을 넘어지게 한 저 외로움, 그냥 쓸려가 버렸을 삶을 사랑한 것도 저 외로움.

그러니 그 섬을 그대로 품어 살아있게 하자. 외로운 섬이 사랑했던 꿈도 거기 살아있게 하자. 섬처럼 살아남은 자에게서 살아있는 많은 것들이 꿈을 꾸지 않는가. 마음속 외로움은 배척이 아니라 사랑과 포용의 힘의 원천이 되는 걸 어찌 모른 척하랴.

촛불처럼

누가 '촛불은 자신을 태워 주위를 밝힌다.'고 칭송했던가. 자신을 태워 어둠을 밝히는 게 어디 촛불만이던가. 그래도 작은 불빛에서 희생과 희망의 삶을 생각하는 건, 촛불이 정성과 기도로 켜던 불빛이었기 때문이겠지. 바람 앞의 등불보다도 못한 불꽃에서 무슨 희망이나겠지만 그 기도와 정성이면 능히 바람도 이겨내리라는 믿음에서겠지. 깜깜한 어둠으로 앞이 잘 보이지 않을 때, 희망이 어디쯤 있는지 가늠하기 힘들 때, 절벽처럼 둘러싼 추위가 너무 위압적일 때 삶을 잘 견디며 살아내자고 마음 모으던 기억 때문이겠지.

그러니 촛불을 켤 때는 초심의 정성과 기도를 잊지 말기로 하자. 힘을 과시하며 상대를 제압하겠다는 강자의 무서운 마음은 버리고 위로와 희망을 향한 약자의 절실한 소망만 생각하기로 하자. 누군가에게 힘을 과시하며 위협하거나 이기겠다고 촛불을 켜는 건 세상을 밝히기 위해 자신을 희생하는 촛불의 삶에 반(反)하는 것. 그러니 사랑과 희망의 촛불에 권력을 탐하는 정치의 칼을 씌우지 말기로 하자. 촛불을 켜는 건 배척의 마음이 아니라 어둠을 밝히겠다는 정성, 그 정성을 돌아보며 빛으로 향해 마음과 귀를 모으는 것이면 좋겠다. 그래서 그대와 나의 보다 나은 세상이 찾아왔으면 싶다. 새해에는 내 안에, 우리 안에 그런 촛불을 켰으면 싶다.

하루를 복기(復棋)하듯

보내고 싶지 않은 하루가 간다.

날씨는 여전히 추웠으나 언 공기를 녹여 비를 내리는 하루. 뜨겁게 출발하였으나 차가워지는 하루. 따뜻한 시간으로 만들고 싶었던 하루가 쓸쓸한 외로움처럼 간다. 내일이 또 있으리라 위로하지만 위로받고 싶지 않은 하루가 간다. 아까워서가 아니라 영영 잃어버릴 것 같아, 그래도 아직 붙잡아두고 싶은 하루.

고백처럼 꽃을 피워 내려 하는데 그 꽃을 영영 놓쳐버릴 것 같아 그대로 꽁꽁 얼려 놓을까? 아직 보내고 싶지 않은 하루가 간다. 한눈팔 겨를도 없이 가로등이 눈 부릅뜨며 밤새 잠재우고 싶지 않은 하루가 간다. 좋은 기억들을 꺼내 보여 주며 붙잡아도 내 것이 되지 못하는 하루가 간다.

이 하루가 가면 보이지 않는 흔적만 남을 것이다.

만지지도 가지지도 못하는 흔적으로 남을 것이다. 아무도 공유하지 못한 꿈, 내 것으로 만들지 못한 세상, 보이지 않는 나만의 세상, 나만의 하루로 남는다. 우리의 세상, 우리의 하루가 되려면 그 흔적을 따라 복기(復棋)하듯 다시 시작해야 한다. 천천히 곱씹으며 길을 찾아야 한다.

틈을 엿보다

시작도 끝도 없는 시간 속에 한 해(年)를 구분하여 다시 한 해, 무엇을 방어하고 무엇을 공략할지를 바라볼 틈을 만들었다. 틈은 언제나 공략하기 위해 엿보는 공간, 공략당하지 않기 위해 방어해야 할 공간이어서 숨겨놓은 마음들의 보이지 않는 싸움터였다. 여유 없는 틈이 불안하다. 틈을 보며 공격적으로 변하는 까닭이다. 바람이 틈을 지날 때마다 요란해지는 까닭이기도 하다. 그 틈으로 떠나가는 한 해를 엿보고 찾아오는 한 해를 엿보는데 문득, 그 틈으로 십자가 예수의 고상(苦像)이 보인다.

못과 창에 찔린 상처로 생긴 틈을 통해 그분의 삶을 엿보다 보니, 오히려 여기저기 내 삶의 틈들이 들킨다. 꽉 막힌 도로에서 차들이 끼어들 틈을 엿보고, 끼어들 틈을 주지 않으려 틈을 숨기듯 공략하거나 방어하기 위해 엿보던 숨겨 놓은 틈들이 곳곳에 송송 열려 있다. 모두에게 드러내며 보여주는 그분의 틈을 통해 숨기려던 틈들이 해방되고 나와 세상이 제대로 보이기 시작한다.

그러고 보니 우리가 바라보아야 하는 틈은 공략하고 방어하는 전쟁터가 아니라 나를 드러내는 공간이어야 했다. 들키는 공간이 아니라 해방되는 공간이어야 했다. 나와 내가 품은 세상을 보여 주며 서로의 세상으로 나아가는 문이어야 했다. 다른 사람의 틈을 보며 내 틈을 넓

히거나 내 틈을 먼저 보여주어야 하는 거였다. 내가 품은 세상을 보여주기 위해 나가는 문이어야 했다.

해를 구분하며 만들어놓은 시간의 틈을 바라보는 이 시간은 그런 것이어야 했다. 나는 한 해의 마지막 날에 내가 걸어온 시간을 보여주고, 걸어갈 시간을 찾아갈 틈을 보는 중이다.

뻥튀기 과자의 위로

퇴근길에도 줄지어 기다려야 하는지 빨리 가서 쉬고 싶은 차들이 밀리는 저녁. 긴장과 경쟁의 도로 남태령 길을 지나다 차창을 열고 이천 원에 뻥튀기 과자를 산다. 모처럼 자신에게 사소한 보너스를 주고 긴장 속에 뻥 튀겨진 삶을 곱씹는다.

경쟁하듯 달리는 중에 잠시 주어지는 위안. 허나 이 삶은 적게 주어진 알곡을 최대한 크게 부풀려놓는 일과 같다. 삶 속의 경쟁은 사실 더 가볍고 보잘것없음을 안다. 그래서 경쟁하듯 찾아간 위안의 방도 종종 비어 있을 때 많아 쓸쓸하고 적막할 때 있다.

'외롭고 슬픈 경쟁은 차라리 버려야 좋은 건지도 몰라.' 뻥튀기 과자의 위로가 오히려 솔직하다. 뻥튀기 과자의 사소한 보너스가 주는 찝찝한 위안을 받으며 천천히 긴장과 경쟁의 도로를 지난다. 싸구려 사소함으로 위안받는 이 중요한 삶.

모네의 정원

물이 축복처럼 공평하게 모이고, 빛의 축복이 넘치는 정원에서 물과 인연을 맺은 연꽃과 빛을 사랑한 모네가 만나 수련들이 곱게 살아난다. 모든 생명은 자신이 자리한 곳에서 제 특성을 살려 제 아름다움을 풍기고, 그것을 알아보고 찾아내는 사람을 만나 비로소 서로를 살리는 아름다운 인연이 된다. 알아보고 살리는 인연으로 만인의 연꽃이 모네의 연꽃이 되고, 만인의 정원이 모네의 정원이 되었다.

플라타너스의 용서와 부활

봄이 되면 도시 거리의 플라타너스는 지난 한 해 키운 가지들이 모두 잘린다. 다시 새로 잘살아보자 결심하는데 우리는 다시 그들의 결심을 잘라낸다. 우리가 그의 희망을 자르고 있다는 걸 우린 알고 있을까? 그래도 플라타너스는 우리의 행동을 잊고 다시 싹을 틔우고 가지를 키울 것이다.

그 모습을 볼 때마다 그의 꿈을 잘라내는 우리에 대한 플라타너스의 용서를 생각한다. 희망의 결심을 좌절시킨 우리를 용서하며 다시 시작하는 플라타너스의 부활을 생각한다. 자신이 죽어야만 느낄 수 있는 부활

그를 자른 우리는 느끼지 못하는 부활
자신이 죽지 않으면 할 수 없는 용서
죽이는 자는 할 수 없는 용서
약자만이 보여 줄 수 있는 용서

그래서 그의 부활은 우리의 회개를 불러내는 용서이고, 좌절의 아픔을 희망으로 대신 보여 주는 용서이며, 살아나는 모두를 기쁘게 하는 용서이다. 그 용서에 같이 참여한 것들이 온통 봄 잔칫상을 마련할 것이다. 흉하게 잘린 자신을 푸른 잎으로 꾸며놓는 잔칫상, 우리가 덤으

로 그 잔칫상을 즐긴다. 우린 여전히 용서를 모르고 용서를 구해야 할 행동을 한다

뿌리의 길

캄캄한 어둠 속에서 뿌리가 제 길을 찾는다. 열심히 갔으니 잘못 갔다 생각하는 법 없다. 그저 자기가 가는 길이 튼튼한 이파리 내고 아름다운 꽃 피우는 길이라 믿으며 꾸준히 제 길을 찾아간다. 그 길을 따라 생명이 자라는 걸 느끼며 간다.

너무 캄캄해서 어디로 가야 할지 모르겠니? 생명을 키우는 마음이 너의 뿌리란다. 생명을 따라가는 길이 바로 너의 길이란다.

목석(木石)의 세상

살면서 흔들리는 게 싫지만, 나무는 흔들려서 아름답다. 크게 흔들리는 일 있어도 바람을 탓하기보다 차라리 흔들림을 견디지 못한 몸을 정리하듯 버리며 살아내기, 흔들리는 건 오히려 고매(高禖)하다.

흔들린다고 뭐가 대수랴. 폭풍우에 가지가 부러져도, 뿌리 드러내며 쓰러져도 나무는 나무 아닌 적이 없고, 튼튼하게 자란 자신을 누가 베어내 더 이상 살아갈 수 없는 때에도 나무는 그런 자신을 나무라지 않는다. 나무이기를 포기하는 일 없다.

오히려 더 이상 흔들리는 일 없이 그를 사랑하는 이 옆에 더욱 단단한 삶의 일부로 남거나, 흔들리며 키우고 살아온 삶을 오랫동안 고목(枯木)으로 담금질하다가 같은 성격의 돌을 만나 다른 세상, 흔들리지 않는 목석(木石)의 세상을 만든다.

그러기에 흔들리는 일이 부끄러운 오늘은

흔들리며 자라 예술이 된 나무를 만나 해와 바람과 물과 공기에 흔들림이 발효된 삶을 생각해본다. 그렇게 발효된 내 삶도 생각해본다.

벌초가 전투

풀들이 점령한 산소를 찾아 해방군처럼 벌초를 한다. 아무리 억센 풀도 예초기를 사용하니 거칠 게 없다. 마치 적을 몰아내듯 신나게 온갖 풀들을 말끔히 베어낸다. 기계를 사용하면서 벌초가 전투처럼 변했다. 그간 산소를 소홀했던 마음을 속죄하며 찾아온 마음이 속도를 만나면서 무자비해진다.

벗으로 찾아와 죽은 자들과 벗하고 있었을 생명들이 느닷없는 재난을 만난다. 풀 속에서 쉬던 작은 벌레도 같이 재난을 만난다. 예쁘게 핀 들꽃도 자리 잘못 잡은 죄로 재난을 만난다. 예초기에겐 경외심도 정성도 감사도 생각할 겨를이 없다. 깨끗이 정리되는 산소 모습에 마음이 즐거워진다.

그런데 벌초를 시작할 때의 마음은 이런 게 아니었다. 기계를 사용하면서 일이 편해지고 사람의 힘이 더 세지고 무서워졌다. 편해진다는 게 마음의 여유를 갖게 하는 줄 알았더니 나를 기계처럼 마음을 잃게 하는 거였다. 벌초는 해치우는 게 아니라 정돈하는 것, 마음을 정성으로 정돈하는 일일 텐데 일의 편안함이 그 정성을 잊게 한다.

기계를 사용하면서 더 많은 풀이 깎였다. 기계가 가난한 마음을 잊게 한다. 정성을 기울여야 하는 사랑의 마음을 잊게 한다. 벌초하는 내내 쓰러진 풀들이 보시(報施)하는 향기는 안중에도 없었다.

더위의 폭력

무더위에 열대야가 패거리 지어 온 동네를 활보하며 잠을 설치게 한다. 저건 분명 행패인데 요즘 힘센 것들은 괴롭히는 방법이 더욱 뻔뻔하고 능숙해져서 괴롭히면서 돈을 뜯어간다. 그래서 어떤 사람들은 돈을 주고 이미 제집 밖으로 더위를 쫓아냈다. 밖으로 내몰린 더위가 모이니 힘이 더 세어져서 여유 없는 이들은 저 위세를 통제할 수가 없다.

저 더위가 특별히 약자를 겨냥한 것은 아니겠지만 경계가 허술한 작은 집, 좁은 방 안, 많은 식구들 속을 비집고 들어와 자기를 쫓아내려면 돈을 내라고 들어앉는다. 저 더위가 참으로 야속하고 얄궂다. 돈이 없으면 불편함을 참고 같이 견디는 게 가족애라고 위로하지만, 아니 아니 그런 말 하지 마라. 경제적 약자들에게 참고 견뎌야 할 불편함이 어디 그뿐이랴.

그러니 무더위의 행패가 빈부를 가리지 않아 평등하고 공정하다거나, 그것을 견디는 일은 개인이나 가족의 몫에 불과하다고 치부하는 건, 우리가 이미 이 사회의 경제논리에 길들여지고 그 논리를 살찌우는 것이나 다를 바 없다. 아주 괴롭고 힘들어 보지 않으면 생각하지도 못하는, 그럴듯하게 평등하고 공정해 보이는 폭력을 더하는 일이다.

규정이니 법이니

버스가 정거장을 막 떠나는데 저기 뒤에서 한 사람이 잠시 멈추라고 손 흔들며 달려오는 게 보였다. 누가 달려오고 있으니 잠시 멈추라고 했는데 버스 기사가 그냥 떠나버린다. 기사가 내 마음을 읽었는지 참새처럼 말한다.

"출발했다가 세우면 규정 위반으로 벌금을 내야 해요."

할 말이 없다. 그게 법이고 규정이라니 할 말이 없다. 규정을 지키는 게 예절이고 문명 시민의 교양이라 한다. 내리는 문 위쪽엔 예쁜 아가씨가 자리 잡고 미소를 짓고 있다.

"언제나 고객을 친절하게 모시겠습니다."

버스를 타지 못한 사람들에게는 해당 사항 없음이다. 규정이니 법을 내세우는 얼굴은 늘 상냥한 모습으로 저렇게 웃는다.

웃는 얼굴에 침 못 뱉는다는 말을 이미 알고 있다. 자기가 원하는 대로 사람들이 따라줄 때만 기분이 좋겠지. 소비자를 위한 것 같지만 사실 관리자를 위한 규정, 거기엔 친절한 배려란 없고 친절로 위장한 협박이 있다. 관리자는 아쉬울 게 없고 이용자는 아쉬울 게 많다.

살기 좋아질수록, 교양이 많이 쌓일수록, 그만큼 법과 규정을 만들고 지키는데 익숙해져야 하는 세상이다. 거래에 익숙해지는 게 예절이라는데 달리 거래할 것이 없음에도 할 말이 없다. 낯선 사람에게 서로 친해보자고 술잔을 돌리듯, 떠나가는 버스를 보며 열심히 웃으며 손 흔들어 쫓아가 보지만 그들은 참새처럼 말한다

'우린 규정을 지켜야 해.'

모른 척 떠나버리는 버스를 보며 계면쩍은 웃음을 지을 뿐이다. 살기 좋아질수록 우린 규정을 지켜야 하고, 규정을 지키는 게 예절이라 한다. 살기 좋아지는데 사소한 정의에 대한 기대가 그만큼 사라지는 기분이다. 규정이니 정의니 하는 것은 관리하고 지배하는 사람들의 편의를 대변하는 허울일 때가 많다.

들키다

속도위반 딱지를 받았다. 뭔가에 대한 욕심이 앞서 어디서 급하게 달렸나 보다. 그 뭔가를 욕심내던 마음을 들킨 거 같아 기분이 찝찝하다.

아니, 욕심을 낸 게 아닐 것이다. 저녁에 집에 돌아오는 길에 찍힌 사진이었다. 그저 급하게 가야 할 일이 있었겠지. 카메라가 나의 어떤 마음을 훔쳐보았을까 들여다보니 내가 밤늦게 나를 붙잡은 일터로부터 도망치고 있었다. 가 보았자 집에는 집사람 혼자 있을 터인데, 사랑하는 연인처럼 기다리고 있을 것도 아닐 터인데, 그렇게 서둘러 집으로 가고 있었던 것이다. 그저 소소한 평안함을 찾는 마음이 죄를 지은 마음처럼 부끄럽게 들키고 말았던 거였다.

집으로 빨리 돌아가 쉬고 싶다는 마음에 잠시 내가 가는 길을 지켜보는 눈을 잊고 있었구나. 그래도 그 부끄러움을 통해 하나는 알게 되었다. 내가 집과 가족들을 사랑하고 있다는 것, 그 사랑하는 마음이 들켰을 뿐이라는 것, 그리고 그것을 사소하게 여기는 사람들에게 들킨 게 찝찝할 뿐이라는 것. 누군가를 지켜보는 것들은 늘 꼬투리를 잡아 사람을 부끄럽게 할 뿐이라는 것을.

의자가 있는 풍경

공원에 빈 의자가 있다. 의자는 늘 누군가를 기다리고 있다. 수고하고 무거운 짐 진 사람을 부르는가, 잠시 쉬어가라고 자신을 비워 기다리고 있다. 누군가를 기다려야 하는 사람을 부르는가, 벗해 주기 위해 외로운 사람을 기다리고 있다. 벗이 되어주고 싶은 의자의 외로운 기다림. 기다리는 이가 찾아오는 반가움보다 앉았다가 기운을 얻고 떠나는 그를 더 사랑하여 언제나 자기를 비워 수고하고 있다.

만남보다 이별을 더 사랑하는 삶. 오늘 그 의자가 있는 풍경을 생각한다. 힘들 때마다 사람을 쉬게 하고 떠나보낸 풍경. 하지만 사람이 쉽게 잊고 지낸 풍경. 찾아옴도 떠남도, 그 어느 것도 자신을 위한 것이 아닌 삶을 사는 풍경. 다시 내가 그의 벗이 되는 풍경이 된다.

화장지 단상(斷想)

제 삶을 흩트려 놓는 걸 좋아할 이 누가 있으랴. 한번 쓰고 버려지는 화장지에게도 아무 방해 없이 빽빽하게 제 고고함과 순결함을 지키고 싶은 원칙이 있고, 그보다 앞서, 버려지기 전에 꼭 해야 할 일이 있다. 누군가의 보여주고 싶지 않은 사소한 더러움을 닦아주거나 아픔과 슬픔에 들켜버린 눈물을 닦아주는 일 말고도, 그를 건네주는 이의 마음도 같이 전해주어야 한다.

그러니 그가 준비한 삶에는 그의 삶만 있는 게 아니다. 그의 삶에 의미를 더해놓은 마음도 같이 살아 있다. 그래서 눈물을 흘리는 이에게 그의 하나를 뽑아 전할 때, 그가 포기한 삶과 그가 살려내는 마음을 같이 헤아려본다. 누군가의 부끄러움과 슬픔과 아픔을 닦아주기 위해 쉽게 더러워지고 구겨지고 버려지는 화장지에게서 사소해 보이는 것들의 숭고한 한 생(生)을 생각해 본다. 자랑스럽게 쓰였다가 창피한 듯 버려지는 삶을 생각해본다.

아, 그 삶이 네 것이 아니라고 차마 낭비하지 마라. 그의 삶은 끝까지 늘 누군가의 허물을 닦아주는 기도였으니.

고양이와 나

우리 집 고양이 세나는 틈만 나면 부지런히 제 몸을 닦아낸다. 그런데 녀석이 슬쩍 나를 비비고 지나가면 털이 수북이 내 옷에 달라붙는다. 나름 애정의 스킨십이겠지만 난 털이 옷에 달라붙는 게 싫어 포장 테이프로 털을 떼어낸다.

고양이가 그런 나를 바라보다가 자기가 더러워서 그러냐는 듯 연신 제 혀로 제 몸을 닦아낸다. 난 옷이 지저분해지는 게 싫다고 닦아내고, 고양이는 제 털 더럽지 않다고 확인해주듯 닦아내는 것이다.

고양이는 열심히 자신을 닦는데 나는 몸도 마음도 아닌 옷에 묻은 털을 닦는다. 자신을 돌아보는 곳이 달라 서로 닦아내는 마음도 다르다.

자유의 공정성

내 몸엔 여전히 가보지 못한 곳들이 있다. 꾸미지 않아도 사는데 별로 불편하지 않아 궁금한 소문은 무성했으나 찾아보지 못한 곳들이 있다. 햇빛이 잘 들지 않아 늘 캄캄한 창고, 오랫동안 들여다보지 않은 지하실 같은 곳이 있다. 하느님 보기에 참 좋은 세상의 하나로 만들어졌으나, 내 눈에 보기 좋은 곳만 다니다 보니 마음마저 멀어져 들여다보기 낯설고 무서워진 곳들이 생겼다.

요즘은 종종 그렇게 반갑지 않은 곳들이 나를 불러낸다. 오늘은 덜컥 척추 4번 5번 문이 삐걱거리며 돌아보라고 한다. 내가 창조될 때 내게 선택의 자유도 주어졌으니 몸을 들여다보고 안 들여다보고는 내 자유이고, 몸의 부름에 대답하지 않는 것도 내 자유이겠으나 '너의 자유는 너만의 것이더냐?' 내 몸 안에서 돌봄을 받지 못한 것들이 자유로이 떠밀려 나오는 것도 내 몸의 자유였다. 보기에 참 좋은 세상을 잘 돌보고 보전(保全)하라는 말씀에 귀 막고, 내 몸은 내 것이라며 편파적인 자유를 탐닉했다. 그러니 내가 보기 좋은 몸, 보기 좋은 세상이 될 리가 없다.

내가 선호한 자유에 눌려 자유롭지 못했던 것들에게도 누려야 할 자유가 있어야 이 몸이 보기 좋은 세상일 거였다. 내 몸이 온전히 살아 있는 세상이고 싶어서 오늘은 자유를 누리는 내 몸이 독점하지 말아야 할 자유를 생각한다. 자유의 공정성은 선택받은 이에게만 주어지는 게 아니라, 무시되고 억눌린 이들에게 더 필요한 것임을 새삼 생각하게 된다.

기록

집에선 저녁을 준비하는 어스름, 하늘은 하얀 구름을 잘게 썰어 펼쳐 놓았다. 하루 삶의 먼지를 깨끗이 닦아 준비한 저녁 식탁 같다. 세상에 끌려다니지 않은 마음들이 모인 음식이다. 같은 마음을 먹어야만 맛보게 되는 양식이지만 같은 마음이 많이 모여도 우연한 때에만 드물게 만날 수 있는 양식이다. 예기치 않게 그들이 이렇게 모일 때 있어 우린 세상에 끌려다니지 않은 하루의 모습을 알고, 그 하루를 반기는 저녁이 온전히 나의 것임을 안다.

그래도 이 아까운 시간은 자주 오지 않는다. 그렇게 만나는 마음들도 구름 같아서 오래 머물지 않을 것임을 알고, 어두운 밤을 지내고 나면 다시 세상과 부대끼는 마음들을 만나야 함을 안다. 그리고 이 저녁 하늘 풍경은 오래 기억에 남아 비슷한 풍경을 만나면 오랜 친구를 만난 듯 반갑다. 내가 그 식탁의 양식이 되고 싶어진다.

확실한 바닥을 짚고 헤엄치는데 익숙해진 삶이 바닥을 떠나 확실한 세상에서 멀어지다 보면, 삶을 이끄는 건 세상의 삶에 끌려다니지 않아 고고해진 저 하얀 구름처럼 불확실한 것들. 저건 확실하지 않은데도 모여 신념이 되는 삶의 신호등 같은 것들이다. 비슷한 풍경을 만나면 나도 같이 곱고 잘게 썰려 그 풍경을 맛보는 이의 맛있는 양식이 되고 싶은 날이라 기록해둔다.

뿌리의 영광

뿌리를 내리려면 한 곳에 멈춰 자리를 잡아야지 캄캄하다고 여기저기 기웃거리기만 해선 안 된다. 세상 아무리 캄캄해도 결국 뿌리를 자라게 하는 건 한 곳에 자리 잡고 오래 머무는 것.

캄캄한 세상에서 만나는 것들이 온통 낯설고 힘들어도 배척할 것 없이 정다운 이웃으로 같이 머무는 것, 피할 수 없으면 제 길을 가로막아 방해하는 크기를 가늠할 수 없는 바위마저 품어 살아내는 것, 그저 자리를 지킬 뿐인 것 같지만 그게 제가 머문 풍경을 살아있게 한다. 제 자리를 지켜 달라진 세상을 만나게 한다. 뿌리에게 주어지는 영광은 그런 것이었다.

뿌리의 노래

나는 못생긴 뿌리입니다. 꽃에서 나와 꽃이 되는 줄 알았는데 캄캄한 어둠 속으로 보내진 뿌리입니다. 꽃이고 싶은 내 마음은 상관없이 못생긴 뿌리만 자랍니다. 이제는 꽃이 될 일은 영영 없겠다 싶어, 슬픔과 좌절에 빠지는데 당신은 그런 나를 자꾸 자라게 합니다. 그게 아름다운 꽃 내는 일이라 격려합니다. 슬퍼하고 좌절할 틈 없이 기운이 팔팔해져 뿌리가 더 자랍니다. 당신 앞에서 내 의지는 아무것도 아닙니다.

정말 내가 아름다운 꽃을 내는지 궁금해집니다. 내가 낸 꽃은 어떤 모습일까 궁금해집니다. 바깥세상 한번 구경하고 싶어집니다. 하지만 당신의 보호 없이는 아무것도 할 수 없기에 그냥 땅속에 머무릅니다. 땅속에 숨은 나를 아무도 생각하지 않습니다. 하지만 내가 튼튼하게 자라기를 바라는 당신, 나를 너무나 아끼고 사랑해서 더욱 땅속 깊이 나를 숨겨두는 것이겠지요.

결국, 내가 자랑할 일은 바깥세상에 아름답게 핀 꽃이 아니라 바깥세상 흔들리지 않게 더욱 낮은 곳으로 깊게 뿌리 내리는 일이겠지요. 깜깜한 세상 불평 말고 이 자리를 지켜 환한 세상 더 아름답게 하는 일이겠지요. 당신을 본 적 없는 나, 당신에 대한 그리움이야 그대로 간직했다가 당신이 나를 불러낼 때, 그때 채우기로 합니다.

푸른 신호등

당신이 있는 곳까지 가는 데는 많은 신호등이 있지요. 당신이 세운 신호등입니다. 사랑하는 당신에게 가는데 그깟 신호등이 몇 개 있은들 뭐 대수로울 것도 없지만, 당신에게 가는 길에서 빨간 신호등은 건너가는 시간보다 기다리는 시간을 더 많이 주지요.

종종 그 신호를 무시하고 싶지만 나를 사랑하는 당신이 내가 곱게 오기를 바라는 줄 알아, 저 빨간 신호등을 무시할 수가 없어요. 하지만 하고픈 말 한마디 하는데도 빨간 신호등을 여러 번 거쳐야 할 때 있고, 그 몇 번이 어디서 끝날지 몰라 내 고백은 기다리다 못해 서두르다가 'ㅅㄹㅎㄴㄷ'처럼 끊겨 나올 때 있어요. 당신을 향해 달려가는 내 마음이 적절한 모음을 허락받지 못한 까닭이지요.

그러니 잘려 나간 내 마음을 온전히 살아 있게 해주는 건 당신의 푸른 신호등. 오늘도 나를 멈춘 빨간 신호등 앞에서 희망처럼 터질 푸른 신호를 기다립니다.

몽당연필

제대로 살아가려면 제 살 깎아 뼈를 드러내며 작아져야만 하는 삶이 있었다. 아이들 크는 모습을 보며 기쁘게 작아지고 작아지다가 안타깝게 몽당연필이 되어도 상관없다는 듯 '걱정할 것 없어, 그래도 아직은 쓸만 해.'하며, 제 몸에 볼펜 대를 의족처럼 끼우고 자랑스럽게 계속 제 살을 깎으며 아이를 키우던 삶이 있었다. 아이를 자라게 하는 연필이고 싶었던 아버지. 몽당연필이어도 여전히 쓸모 있는 연필이고 싶었던 아버지. 아이들은 그 몽당연필을 부끄러워하지 않았다. 세상의 많은 아버지가 그렇게 몽당연필처럼 작은 모습이 되어 돌아가실 때가 있었다.

하지만 그 몽당연필이 전혀 부끄럽지 않았던 아이의 아이들에게 이제 그 몽당연필은 없다. 몽당연필은 옛날얘기로만 남아 있다. 몽당연필을 사용하던 아이만 몽당연필의 기억을 잊을 수가 없다.

독도의 변(辯)

당신은 내가 정말로 좋은 거예요, 아니면 누군가가 내게 눈독을 들이니까 자존심 때문에 나를 내어줄 수 없다는 거예요? 그것도 아니면 나를 두고 자꾸 다투느니 그만 포기해버리고 싶은데 사람들 눈치 때문에 어쩔 수 없이 내가 당신 거라고 주장하는 건가요?

나는 언제나 당신을 사랑하여 당신 곁에 있지만, 당신은 종종 다른 것이 더 중요해서 나를 잊고 지내곤 했지요. 그래서 나의 거처가 문제될 것 같으면 종종 내게 당신의 깃발만 하나 달랑 꽂아 놓고 내가 당신 울타리 안에 있으니 걱정 말라고만 했지요. 그래서 소문만 무성해졌어요. 난 점점 불안해지곤 했지요. 이웃 아닌 이웃이 내게 집적거릴 때마다 당신이 꽂는 깃발 하나와 당신의 열렬한 분노로 차마 잊을 뻔하던 당신의 사랑을 확인할 때도 있지만, 그것 말고는 아무런 행동도 하지 못하는 당신의 유약함이 안타까웠어요, 분노가 식어지면 잊어버리는 그 소홀함이 야속하고 섭섭해서 늘 외롭고 불안했어요. 정말 내가 영원히 당신 것이 될 수 있을는지요.

그래도 난 이 자리를 떠날 수 없어 더욱 고고하고 우아하게 나를 가꾸고 있겠어요. 당신의 소유가 되고 싶어 여기 자리를 지키고 있겠어요. 그러니 이웃 아닌 이웃과 싸우는 게 아무리 귀찮고 힘들어도 나를 집적거리는 그의 집요함보다 더 한 집요함으로 나를 지켜주세요. 내가 영원히 당신 것이 될 수 있게요.

2부

왕따의 법칙

허리를 다치고 얻는 깨달음

얼굴은 본 적 있을지 모르나 인사 한번 나눈 기억이 없는 어느 교수의 장례미사 참석하고, 미사 후 그의 관(棺)을 들다가 그만 허리를 삐끗하며 주저앉아 버렸다. 세상을 떠나는 그의 삶이 무거웠던가. 한 생애의 무게를 견디지 못하고 갑자기 무너지는 이 세상의 허리. 나와 내 가족의 삶을 지탱하던 나의 허리가 세상을 버린 한 사람의 무게를 견뎌낼 수 없음은 내가 너무 많은 것을 지고 있었던 것일까, 아니면 버겁게 여겼던 내 삶의 무게가 세상을 버리는 삶의 무게에 비하면 가볍고 하찮았다는 것일까.

진정 무겁고 중요한 결정은 세상을 버리는 일이려니. 방안에 갇혀 두문불출 그 삶에 경의를 보내고 삼가며 꼼짝 않고 며칠을 누워 지내서야 비로소 얻는 깨달음. 힘들게만 여겨지던 길이 이제 보니 힘껏 뛰어다닐 수 있었던 길이었지. 누군가를 위해 수고할 수 있는 자유가 얼마나 고마운 일인지, 허리를 굽힐 수 있는 일이 얼마나 고마운 일인지.

망각

겨울을 달려와 함성처럼 몰려온 벚꽃들이 몇 번 몰려오는 바람에 맞서 아우성치듯 몸을 던지며 흩어졌다. 재개발되듯 새 이파리들이 입주하며 꽃들의 주소를 지웠다.

꽃들이 몰려올 때나 흩어질 때나 사람들은 이구동성으로 그 모습이 아름다웠다고 했다. 흩어지는 모습은 꽃눈 같다고도 했다.

하지만 그건 구경하는 사람들의 얘기였다. 차가운 바람에 꽃들이 아우성치며 그들의 이별을 걱정할 때조차 무슨 얘기를 하는지 듣지 않았다. 그저 자기들이 듣고 싶고 하고 싶은 이야기만 했다. 그러면서 꽃들은 완전히 떠나고 그들의 주소가 완전히 지워지고, 거기 꽃이 있었는지도 잊어버렸다.

벚꽃은 들리지 않는 역사가 되고, 봄은 다른 이들의 역사가 되었다. 벚꽃들에게는 절실한 생존의 시간들이 아름다운 풍경, 아쉬운 경치로만 남았다가 사라졌다.

나이 드는 티

몸이 나이 드는 티 좀 내야겠단다. 감기가 찾아와도 물리지 않고 그냥 오래 붙잡고 같이 얘기를 나누겠단다. 삶이 버거우면 버티기보다 같이 휘어지고 말겠단다. 누군가 잡아먹을 양으로 자기를 덮쳐오면 사지 하나쯤 부러져주겠단다.

살아가면서 이런저런 아픔 능히 견디며 이겨내던 몸이 찾아오는 손님들 거절하고 싸우고 쫓아내기보다 실컷 같이 지내다 가라고 자리 내어주겠단다. 안 좋은 얘기도 들어주다 보면 알아서 거두겠지, 불편해도 잠시 쉬다 갈 자리를 내주면, 때 되어 나가겠지 생각하며 이젠 웬만한 것엔 나무껍질처럼 단단해지고 둔해지고 말겠단다.

그래도 둔해지지 않는 게 있는지, 아니 점점 민감해지는 게 있는지, 따뜻하고 부드러운 바람 찾아올 때면 반갑게 나무껍질 같은 거친 주름살의 돌봄 받으며 새롯새롯 이파리 돋는 일 잊지 않던 몸, 저 몸의 기품은 젊은 날의 욕심만으로는 이룰 수 없는 것이었다지.

몸살

몸이 파업을 하는 중이다. 이 나이에 무슨 파업을 한다고? 하지만 열정페이(pay)를 받으며 일하는데 제대로 챙겨주지 않는다고 몸이 단단히 화났다. 이런 일이 없었던 건 아니지만 이번엔 아예 드러누우려 한다.

오래 갈 모양이다. 세상일에 쫓기다 보니 챙겨주는 일 잊어버렸을 뿐인데 하필 이렇게 바쁠 때 왜 그러냐고, 우리가 남이냐고 같이 도우며 살자고 달래 보지만 몸은 어쩔 수 없다고 한다. 숨도 제대로 쉬기 어렵고 말도 제대로 할 수 없을 만큼 머리도 아프고 정신이 없다고 한다.

이 지경에서 나도 짜증을 내려다 생각해본다. 이 몸 덕분으로 내가 이제껏 세상을 살아왔지. 나를 마구 부려 먹는 무엇인가에 쫓겨나도 이 몸을 마구 부려 먹었지. 그래도 이 몸을 위해 해줄 수 있는 게 별로 없다. 문득 이 몸과 함께 나도 파업하고 싶어진다.

그런 마음으로 몸을 돌아보는데 문득 몸도 나도 서글퍼진다.

세상을 아름답게 하는 방식

'다시 만날 일 있겠어?'

퉁명스럽게 바람이 나뭇잎을 툭 치며 지나간다. 세상을 향해 나오던 이파리가 움칫 흔들린다. 하지만 흔들린다고 가슴 아파하지 마라. 오히려 바람에 흔들리는 네가 아름답구나. 네 흔들림은 그저 흔들리는 게 아니라 바람에 무너지지 않으려 중심을 잡은 때문이 아니냐. 저 바람을 이기는 길은 바람이 칠 때마다 적당히 흔들려 주는 것, 거뜬히 중심을 잡는 법을 익히며 살아있음을 보여 주는 거다. 너를 만나는 바람이 장난치고 말을 거는데 행동이 짓궂다고 아무 반응도 하지 않고 무시하는 건 너의 세상, 네가 만나는 것들을 부정하는 거나 다름이 없는 거다. 그렇게 하면 너의 세상이 어떻게 달라지겠니. 네 세상은 그것들에 같이 반응하고 흔들리면서 새롭게 만들어지는 거다. 그게 네가 있는 세상을 아름답게 하는 존재의 방식이다.

그러니 너의 흔들림은 중심을 잃는 게 아니라 너의 존재를 알리는 방식, 어떤 상황에서든 네 자리를 지켜 살아내겠다는 의지의 표현이다. 그렇게 살아 흔들리는 것들이 세상을 아름답게 한다. 흔들리지 않고 꿈쩍 않는 것들은 세상을 멋없게 하고, 중심을 잃어 더 이상 흔들릴 수 없는 것들은 우리를 슬프게 할 뿐이다. 살아서 흔들리는 것들이 있어 우린 늘 새로운 풍경을 보게 되고 세상이 살아있음을 알게 된다.

흔들리는 것들은 아름답다고 얘기한 이유가 그런 거겠지. 그들의 흔들림은 자신이 새 세상에 나왔음을 알리는 몸짓이고, 제 자리를 지켜 살아내겠다는 몸짓이다. 세상에 나온다는 건 흔들림의 시작이고 새로운 세상을 만났다는 표징이다. 그래서 나무며 풀은 바람이 불어 흔들릴 때 더 아름답다. 아름다운 봄 세상은 온통 흔들리는 것들 투성이다.

이웃

부지런한 쑥이며 냉이가 하루아침에 어디론가 사라졌다. 봄소식을 먼저 알리다 대낮에 잡혀갈 줄 알았지. 작은 것들 여전히 숨죽이는데, 그거 아랑곳없이 성급한 개나리꽃 몰려와 조잘거리고, 새침데기 목련꽃 갑자기 창피하다 몸 던지고, 기분파 벚꽃이 떠들썩 한턱내고, 요란한 잔치 끝에 대문 모퉁이에서 수줍은 제비꽃 얼굴 빼꼼 내밀 때, 아름다운 꽃들만 있는 줄 알았더니 이름 모를 풀들 쑥덕거리며 모여든다.

저 큰 나무는 쳐다보기도 힘드네. 일조권을 주장하지만, 막무가내 장미도 아닌 것이 장미 흉내 내며 비집고 들어오는 찔레꽃 성가시고, 미안하네, 이럴 의도는 아니었네. 염치없는 가시덤불 골치 아프다가도 재난의 시간이 찾아오면 모두 숨죽이며 자신을 봉헌하고,

보잘것없는 작은 꽃 피어도 환하게 반가운 소식이 되는 여긴 누가 좋고 누가 싫네 해도 서로 이웃이었네. 꽃밭도 정원도 아닌 숲이었네.

사람들이 찾는 숲이었다.

느닷없이

살다 보면 느닷없이 궂은날도 있고 느닷없이 좋은 날도 있다.

그런데 오늘은 느닷없지 않은 평범한 날. 느닷없이 주목하는 게 느닷없는 행동이 되어 느닷없는 관심으로 오늘이 특별해진다.

변함없는 사랑으로 당신이 준비한 날. 느닷없이 오는 날이 그냥 느닷없이 오는 게 아니다.

선물로 생각하여 오늘이 은총이고 느닷없이 특별한 날이 된다.

가지와 뿌리를 생각하다

땅속에서 제 자리를 지키려는 뿌리의 마음과 세상으로 나아가려는 가지의 마음이 서로 다를 때가 있을까?

뿌리가 가지에게 말한다.

세상을 향해 나아가려고만 하던 네 마음과 땅속으로 숨기만 하던 내 마음이 서로 만나는 곳을 아느냐. 내 목숨과 네 목숨이 서로 붙잡고 하나의 목숨이 되는 곳을 아느냐.

네가 살아낸 것들을 다 모으면 내가 살아낸 것들보다 몇 배는 더 많아 보일지 모르겠으나, 네가 한 걸음 나아갈 때 내가 나아간 길이 너무 보잘것없어 보일지 모르겠으나, 내가 살아온 길이 사실 네가 살아간 길이고 네가 이뤄낸 것이 내가 이뤄낸 것이 되는 때를 아느냐.

이제 몸이 가을을 만나 자라는 일이 힘겨울 때. 서로를 위해 해줄 게 별로 없는 시간을 맞아 너는 붉은 가슴을 쓸어내리고 나는 그런 너를 느꼈을 것인데, 네가 자라고 싶은 마음을 멈추고 가난해지며 나를 위로하니 내 그 가슴 받아 따뜻했던 기억을 살려내리라. 그때가 너와 나의 마음이 만나는 때이고, 네가 살아낸 것이 내가 살아낸 것이 되는 때.

여전히 햇살이 은총처럼 축복하고 있다. 환한 세상만 가던 네가 가난해지며 내 손을 잡을 줄이야. 나의 수고에 힘을 보탤 줄이야. 이렇게 서로 만나 손잡지 않으면 지킬 수 없는 게 있다. 하나의 나무가 사는 일도 그런데 사람과 사람이, 가족들이 같이 살아가는 일에야 오죽하랴.

숨기 가장 안전한 곳은 밝은 세상

사람이 싫어 어딘가 숨고 싶으면 어둠 속에 숨지 말아요. 어둠 속에 사는 것들의 눈은 어둠 속을 보는 일에 익숙해 있으니, 어둠 속에 숨는 건 오히려 그들의 눈에 더 잘 띄고 그들의 표적이 되는 일.

그러니 빛 속으로 나온 우리가 어둠 속에 숨는 건 더욱 위험 속에 빠지는 거예요. 오히려 가장 안전하게 숨으려면 자신이 나고 살아온 빛의 세상에 그냥 머물러요.

빛의 세상의 일부로 남는 것이 숨기 가장 안전한 길이에요.

산청 성심원에서[1)]

경남 산청 성심원을 방문했다가 자신에게 찾아온 한센병 불행이 자기의 잘못이라 생각했던 사람을 만난다. 자기 때문에 다른 사람에게 피해가 가지 않게 해달라며 기도하는 사람의 마음을 읽는다.

제 삶을 탓하기보다 먼저 자신이 회개할 일부터 찾으며 세상으로부터 숨어 세상을 향해 기도했던 사람. 회개하는 맑은 마음들이 성심원 앞으로 강을 이루어 흐른다. 거기 작은 생명들이 자유롭게 자란다.

그대의 불행이 어디 그대 잘못이고 가족과 이웃의 불행이 어디 그대 탓이랴. 그를 위로하며 작은 꽃들이 예쁘게 핀다. 회개했으면 그 마음 그대로 하늘과 바람과 공기와 물, 별빛과 햇살의 풍경으로 살라며 강물이 흐른다. 근처에서 제 크기를 자랑하던 산도 회개할 게 있는지 강물 속으로 첨벙 들어가 강변 작은 꽃들의 위로에 귀 기울이며 묵상하고 있다.

한 사람의 회개가 많은 사람들을 회개시키고 살리고 있다. 산청 풍경이 평화롭고 고요하다.

---

1) 가족과 사회로부터 소외 받은 한센인을 가족으로 받아들여, 인간의 존엄성을 되찾아 주며, 복지증진을 통한 사랑의 공동체를 만들어가기 위해 경남 산청에 설립한 공동체 시설.

버리며 세상을 바꾸다

가을 단풍이 곱다. 더 이상 보여 줄 예쁜 꽃도 없고 윤기 나는 이파리도 없고 자랑하며 내어 줄 탐스런 열매도 없는 나무들이 이제는 살아온 방식을 버리며 곱게 단풍 들었다. 자세히 보면 온몸에 구멍이 숭숭, 그저 아프고 생기를 잃어버린 것들도 있지만 고운 단풍이 그것들도 품어 고운 세상을 만든다. 그리운 당신은 이제 그 단풍나무 숲에 있다.

그 숲이 마을로 내려와 나를 부른다. 이 얼마나 고운 세상이냐며 나를 부른다. 그 숲으로 가는 길엔 아무것도 챙겨 갈 필요 없다. 그냥 있는 그대로의 나로 가면 아름다워지는 길이다. 그 길은 이제껏 살아온 방식과 고집을 버리고 가야 하는 길, 그저 따라가는 것만으로 아름다운 선물이 되는 길이다. 당신에게로 가고자 하는 내 마음이 저 마음이었지. 당신에게 들려주고 싶은 얘기가 저 단풍 색깔이었지. 당신을 향한 그리움 자체가 되어 가는 길이다.

나도 저 단풍나무들처럼 제 것을 버리고 당신에게 가기로 한다. 내 것을 버리고 가슴 가득 나를 채우는 그리움, 그 단풍만 가득 안고 당신에게 가기로 한다. 사방에 고운 단풍들이 모여들며 당신에게 가는 나를 응원한다. 그것들이 서로를 응원하며 세상을 바꾸고 있다. 가는 내내 사방에 내 마음이고 나를 응원하는 소리다. 나도 같이 물든다.

꽃이며 이파리며 열매 내는 일은 다 잊고 온전히 그리움 자체가 되어 당신에게 간다.

당신에게 가는 오늘이 내가 온전히 당신을 가장 사랑하는 날, 가장 아름다운 모습으로 가는 날이다. 가는 내내 무엇을 만들어내는 게 아니라 나를 버리는 시간, 버리며 나와 세상을 바꾸는 무엇이 되는 시간이다. 당신에게 가는 시간이 그렇게 당신을 사랑하고 이웃을 사랑하는 시간이 된다.

목표가 무엇이냐고 물으면

목표는 구체적이어야 하지만 자신의 목표는 남보다 더 나은 자가 되는 게 아니라 어제보다 더 나은 자가 되는 거라고 누가 말했나.

좋은 말이다. 생각하다가 문득 이런 의문이 든다.

그렇다면 그 사람의 목표엔 어제보다 더 예쁜 꽃을 피우고 싶지만 그러지 못하는 꽃의 마음을 더 잘 알아보는 마음을 키우는 것도 포함되나? 더 이상 꽃을 피울 수 없어도 여전히 꽃으로 불리고 싶은 꽃의 마음을 더 잘 알아보고 이해하는 마음을 키우는 것도 목표에 들어있나? 다 져버린 꽃을 보면서 어서 빨리 갈아엎어 버려야겠다는 생각은 하지 않게 되는 마음도 나아지는 목표에 포함되나? 어제보다 더 나은 자가 되는 목표를 가지는 것에는 자기가 살아온 세상을 지우고 없애는 일이 아니라 살아온 세상을 더 잘 이해하고 살려내는 일이라고 생각하게 되는 것도 포함되나?

이런 질문 하다가도 종종 누가 내 인생의 목표가 무엇이냐고 물으면, 구체적으로 제시할 수 있는 목표가 잘 생각나지 않아서 내가 목표 없이 사는 사람 같아 부끄러울 때 있다.

장마 같은 정치

장마철이면 산과 들의 소박한 길만 좋아하던 물들이 환장하듯 몰려드는 낯선 물들을 만나고, 가던 길을 넘어 자기가 사랑한다는 사람들을 덮친다, 정해진 선을 지키겠다던 물들이 떠밀리듯 선을 넘으면서 낮은 곳 사람들의 삶을 흙탕물로 망쳐 놓는다. 한번 밀어닥치면 멈출 줄 모르게 변해버리는 물들이 가파른 비탈에 선 삶도 기계적으로 덮쳐버린다. 겸손하게 낮은 곳으로 흘러 닿는 곳마다 골고루 생명을 살리는 물의 덕성(德性)을 믿었는데,

물도 정치인들처럼 어중이떠중이 서로 모이다 보니 이상하게 과시하고 싶은 힘만 세지고, 세진 힘이 자랑스러워 스스로 도취되는 걸까. 선과 윤리를 기대할 수 없는 낯선 기계가 되어버리는 것인가. 기계처럼 멈추지 않는 장마는 언제쯤 제 모습으로 돌아와 그가 섬기겠다는 사람들의 아픔과 상처를 제대로 알아보게 될까?

저녁 어스름

맑은 여름날, 저녁 어스름이 뜨거운 햇살을 식히며 내 앞에 섰다. 그 저녁 어스름이 나를 쉬게 한다. 내가 달려오던 세상의 빛깔이 차분해진다. 내가 보고 싶은 세상이 더 또렷하게 보인다. 찬란하게 세상을 달리려면 많은 빛이 필요하다 싶었는데 세상을 제대로 바라보는 데는 오히려 빛이 지나치게 많다고 여겨질 때가 이런 때인지? 내가 욕심내고 자랑했던 빛을 거두어서야 비로소 세상이 제대로 보인다. 그리웠으나 찾아보지 못한 꿈, 보고 싶었으나 만나지 못한 사람, 아름다웠으나 기억하지 못한 세상이 하나둘 보이기 시작한다. 불필요한 빛을 거두는 저녁 어스름에 방생(放生)된 시간이 내 세상을 살린다.

뜨거운 낮을 열렬하게 달려온 날일수록 이 어스름의 시간은 더욱 차분하고 또렷하다. 낮에는 그렇게 치열하고 찬란한 빛에 눈멀어 보지 못했던 것들이 어스름 앞에 서면 더 또렷하고 차분하게 나를 바라본다. 그 저녁 어스름이 나를 품는다. 각자 따로 떨어져 빛나던 것들도 하나로 품는다. 내가 지워지는 게 아니라 나를 살아있게 한다.

그 세상이 나를 쉬게 한다. 찬란할수록 좋다고 욕심내고 자랑했던 빛, 그 빛을 거두어서야 비로소 소중한 세상을 만나게 된다. 열심히 살아온 날을 조용히 정리해보는 삶의 시간도 그와 같다. 진짜 그립고 소중한 세상, 소중한 사람, 소중한 것을 알아보고 만나게 하는 어스름, 그 설렘의 시간을 보내야 난 비로소 내가 원하는 꿈을 꿀 수 있다. 내가 원하는 모습으로 있는 행복한 시간, 별로도 총총 뜨고 시원한 숲 속 바람으로도 찾아오는 편안함을 예감하게 된다.

사소한 계획, 누추해져 버린 결과

저녁에 비가 온다는 예보가 있었다. 그래서 조금 일찍 퇴근해서 비가 오기 전에 짧은 산행이라도 다녀올 계획이었다. 사소한 계획이었다. 그런데 예보와 다르게 집에 가는 길에 느닷없이 일찍 비가 오기 시작했다. 사소하지만 실천적인 나의 계획이 틀어질 참이었다. 하지만 예상 강수량도 많지 않았고, 비도 조금씩 오기에 금방 멈출 거라 믿었다. 말 그대로 비는 멈추는 듯하여 일찍 집에 도착하면 어두워지기 전에 계획한 산행은 할 수 있을 거라 생각했다.

하지만 조금 있으니 다시 빗줄기가 굵어지고, 차들이 빗물처럼 모여들며 길이 막히기 시작했다. 도중에 다시 비가 그쳤지만 이미 날은 어둑어둑해졌다. 사소했으나 지키려던 계획이 집에 오는 시간 내내 조롱당한 기분이었다. 아무 생각 없이 내리고 그치는 사소했을 비에 이런 저런 생각으로 대응한 나도 쫀쫀해진 기분이었다.

계획대로 되지 않는 게 삶의 일상임을 알면서도 사소한 계획이 중요한 일처럼 나를 흔들어놓는다. 어중간한 시간에 어중간하게 오다 만 비 때문에 아무 생각도 아무 계획도 가지지 않았으면 더 풍요로웠을 생각의 만찬이 보잘것없이 누추해져 버렸다. 계획이 없는 자연 안에서 사소한 계획은 다 누추하고 보잘것없는 거였다.

고향

고향에 있는 게 늘 보던 풍경을 보고, 늘 만나던 사람을 만나서 삶이 단조로운 줄 알지만 그게 아니다.

사람이 살아 있으면 거기에도 똑같이 새롭고 편안하고 즐거운 일 있고, 늘 같은 날이지만 늘 새로운 날이고, 새로운 날인데도 같은 날처럼 늘 편안하다.

날마다 새로운 사람 새로운 풍경 만나 즐거우면 여행을 하고, 날마다 같은 사람 같은 풍경 만나 익숙하고 편안하면 그게 고향 같은 곳에 있는 거다.

특별한 일 없어도 고향이 그리워서 고향에 가고 싶다.

같은 마음이 같은 길에서 만나 희망

서로 다른 길이라도 가다 보면 강물처럼 만난다고들 하는데, 모르겠다 진짜 만나는지. 같이 있다 헤어진 것도 아닌데 언젠가 결국 만나게 된다 한들 절실한 그리움이 만나는 거와는 다르겠지. 그러니 누구와 어디선가 만나게 된다는 게 뭐가 중요하랴. 그저 누구하고 가는지 모르게, 우연히 만나면 같이 가는 운명인가 보다 하고 갈 뿐 거기 무슨 희망을 둘 일이 있으랴.

그래도 같이 모이니 물길이 되고, 물길이 모여서 강을 이루고, 그게 다른 풍경을 바꾸고, 그러면서 다른 세상 만드는 거라면 같이 만나 같이 가는 것도 한 번 꿈 꾸어볼 만한 거 아닐까. 물방울이 같이 모여 생명 살리는 진짜 물이 되는 거라면, 따로 가는 것 같아도 같이 만나고 같이 가게 된다는 생각이 희망이 아니고 무엇이랴. 같은 마음으로 가는 게 가슴 설레고 그리운 희망 아니고 무엇이랴. 같은 목적 같은 마음이 같은 길에서 만나는 거, 그게 희망이 아니고 무엇이랴.

흙수저

세상은 그의 두 발을 적당히 묶어 놓아 그가 힘껏 걸으려 할 때마다 태클을 걸었다. 부지런히 발을 움직여보지만, 보폭은 짧아 다른 사람이 쉽게 빨리 가는 길을 그는 오랫동안 어렵게 가야 했다. 성실이 게으름을 이긴다는. 세상의 가르침을 가뭄 속 단비처럼 감사히 여겨보지만, 부지런함을 보람 없게 하는 것도 세상의 가르침이어서, 부지런함으로 겨우 따라잡아도 세상의 태클에 몇 번 넘어지는 사이 자기도 모르게 그는 흙수저가 되어 있었다.

가난하고 소외된 사람을 사랑해서 누추한 외양간에서 태어난 분을 왕으로 모시는 세상이어도, 뒤처지는 그에게 태클을 거는 세상은 그의 아이들도 흙수저로 분류해놓는 철저함을 잊지 않는다. 그래도 그는 세상의 가치를 따라갈 수가 없다. 고통과 아픔의 길이이어도 그렇게 가지 않으면 더 많은 사람들이 더 오래 세상의 태클을 감당해야 하기에. 이것을 이기는 길은 세상의 기준을 버리는 일이었다. 외양간에서 태어난 분을 임금으로 모신다며 자기들이 만든 세상의 가치가 아니라, 그냥 외양간에서 태어난 그분의 가치를 따라 사는 일이었다.

삶, 그리고 기다림

아무리 더딘들 기다리다 보면 결국엔 가는 게 있고, 드디어는 오는 게 있다. 그저 때가 되면 계절처럼 오기도 하고 가기도 하는 거겠지만, 굳이 기다려야만 오는 게 있고 기다려야만 가는 게 있다. 절실한 기다림만이 가슴 벅차게 삶을 바꾸고 세상을 바꿀 때 있다.

그러면 얼마나 기다려야 할까. 삶이 바뀌고 세상이 바뀌는 그 더딘 시간 동안 나는 누군가에게

가야 하는 삶이었을까,
와야 하는 삶이었을까.
나는 어떤 기다림이었을까.

사는 일

살아 움직이는 것들에겐 서로 먹고 먹히며 살아가는 게 생명을 살리는 길이다. 살아 있음 자체가 덕을 베푸는 일이 되고, 삶의 목적을 성취하는 일이 된다.

그래서 어떤 생명에겐 무엇인가 애써 이루려 하지 않아도 자라면서 꽃을 피우고 열매를 맺는 일만으로도 기쁨을 주고 희망을 주고 밥이 되는 일이 된다.

그런데 사람들만이 항상 뭔가를 더 하라고 한다. 항상 미래를 위한 계획을 세워 달성하라고 한다. 그래서 충돌을 한다. 불필요하게 서둘러 뺏고 서둘러 챙긴다. 살아내는 일이 종종 싸워야만 하는 일이 된다

그 일을 피하기 위해 사람들이 수양(修攘)을 한다. 옛날에 절로 출가하면 밥해주는 일부터 배운 게 우연이 아니다.

왕따의 법칙

몸이 왼쪽을 왕따시켰다. 그래서 오른쪽이 늘 먼저였다. 왼쪽은 점점 행동이 서툴러지고 오른쪽이 하자는 대로 한다. 마음은 늘 왼쪽이 신경 쓰였으나 왼쪽이 삶 속으로 들어오면 몸이 괜히 낯설고 불편해지는지 마음은 여전히 익숙해진 오른쪽을 찾는다. 그러다 보니 몸도 점점 오른쪽을 따라 기울어진다. 몸과 마음이 같이 균형을 잃는다. 익숙하고 강한 자의 왕따가 만드는 불균형. 강한 쪽이 먼저 시작하고, 강자의 편리에 익숙해진 이들이 강자를 지지하며 따라간다. 내 몸 안에서도, 사회 안에서도, 낯설고 약한 왼쪽은 늘 배제되고 외면당한다. 먼저 양보하고 오른쪽을 따라가야 한다. 강자의 선심에 의존하며 살아야 한다.

이건 왼쪽 오른쪽의 문제가 아니었겠지. 왼쪽이 강자였어도 마찬가지였겠지. 이 틀이 달라지려면 한참 소란을 겪어야 하겠지. 그래서 늘 몸에서도 사회에서도 균형을 찾아주려는 노력이 필요하다. 배척과 효용과 힘의 논리가 만드는 왕따를 경계해야 한다. 힘의 논리에 익숙해진 편리함이 왕따를 수반하고 삶을 왜곡하고 있음을 알아야 한다. 그렇게 길들여지다 보면, 덜 약한 약자도 더 약한 약자를 왕따시키며 강자 편에 속하려 한다.

이것은 강해지는 게 아니다. 한쪽에 힘을 모아주는 건 힘센 자의 양식(良識)을 믿을 때이다. 그 양식을 지키는 건 내가 중심을 잡는 것이다. 편향을 피하는 것, 일부를 외면하거나 무시하거나 잊어버리지 않으려 늘 신경을 써야 한다. 그게 힘들어 자신을 놓는 순간 패거리에 속하게 된다.

편안하지만 우울한 느낌

눈이 내린다. 눈이 나를 불러낸다. 잊고 있던 그리움을 불러낸다. 저 부름을 좇아 산을 오른다. 지천에 그리움이다. 저 그리움은 말을 하지 않는다. 사람이 지나간 흔적으로 혹은, 그 흔적을 지우는 소리로 혹은, 발에 밟히는 것들의 소리로 혹은, 가끔 나뭇가지에 쌓였다가 떨어지는 소리로 다가왔다가 멀어진다.

사무치는 그리움은 바람이 대신한다. 말하지 않아도 지천에 그리운 소리 가득하다. 산은 그리움의 깊이만큼 눈을 쌓아놓는다. 절실하지만 요란하지 않은 저들의 그리움, 저들의 그리움은 그리워하며 가만히 있는 것이다. 그저 조용히 쌓고 쌓일 뿐이다. 거기 내 그리움만 걸어간다.

그들 안에 있으면서 혼자 걷고 있다. 그리움이 저편에서 낯익은 얼굴로 나를 바라보고 있다. 나는 꽃이 피던 길을 걷고 있지만 막상 나의 그리움은 만나지 못하고 그리워하는 것들만 무더기로 만나고 온다. 산사(山寺)에도 눈이 쌓이고 탑돌이 하는 발자국들이 부지런히 그리움을 밟고 있다.

편안하지만 우울한 이 느낌. 산에서 만나는 그리움이 그렇다. 같이 있는데 다른 세상에 있다. 내가 들어갈 수 없는 세상에 있다.

내가 아이가 되는 눈

어린 시절을 지나 만개한 추위 속에서 만나면 연인처럼 가슴 설레게 찾아오던 청춘 같은 눈이 내게 늙은 눈으로 찾아오는데

치매로 말을 잊어가던 어머니가
창밖에 내리는 그 눈을 보다가
반갑게 맞이하며 내게 한마디 했다
"아, 눈이 오네."
말을 잊어가는 어머니에게
눈이 어린아이처럼 찾아오는 중이다
내겐 귀찮게 늙어버린 눈이
어머니에겐 신기하고 기쁜 어린 눈이다
가볍게 뒷걸음치며 찾아오는 시간 속에서
구석으로 모여 치매의 기억을 살펴보는 눈
얼어 곱은 손 호호 불며 집으로 들어오는
어린 자식 같은 눈
그 눈이 내리고 있다
내가 아이가 되는 눈이 내리고 있다
내가 어머니를 만나는 눈이 내리고 있다.

불쌍하게도

'난 키가 달라서 보이는 세상도 다르고 세상을 이해하는 관점도 다르니 너와는 살아가는 세상이 달라.'하고 누가 말했나?

키 큰 나무가 말했나?
키 작은 풀이 말했나?
살아가는 세상이 다르니 추구하는 가치가 다르고
살아가는 방식도 다를 수밖에 없다고
제가 살아가는 방식을 뭐라 하지 말라고 누가 말했나?
사람이 말했나?

허리를 굽히면 아래 세상도 볼 수 있고
몸을 돌리면 주위 세상도 둘러볼 수 있는
사람인 우리가 불쌍하게도
꼼짝 못하는 나무들처럼 정해진 곳에서
정해진 방향만 보며 살 수밖에 없다니
누가 그렇게 만들었나?
같은 세상에 있는데도, 살고 싶은 세상이 달라서
자신을 가두며 살아야 하다니, 생각마저 가두고 살아야 하다니, 불쌍하게도.

저녁만은 온전히 돌려주자

하루가 내려와 앉는다. 하루 살아가느라 수고한 것들에게 이제 잠시 멈추고 쉬자고 한다. 산이며 나무며 풀들이 가던 길 멈추고 그 하루 곁에 앉는다. 흐르는 강물도 숨을 고르고 있다.

같이 쉬자고 부르는 이 하루의 저녁에 감사하자. 잘 했든 못 했든, 아침 일찍부터 나와서 일했든 오후 늦게 나와서 일했든, 같은 품삯을 주며 이젠 그만 쉬자고 하루가 내어주는 저녁.

이 저녁은 빼앗지 말자. 남은 시간은 알아서 하라고 평화로운 자유를 주자. 휴식이 필요한 사람들에게 사람이 두려운 피조물들에게 이 저녁만은 온전히 돌려주자.

3부

나의 노래

잊혀져간다

따뜻한 사무실에서 인터넷 세상을 여는데,
"엄마 연탄 한 장만 더 쓸까?"

불쑥 유명 후원기관의 난방비 지원 캠페인 광고가 우울한 표정의 아이를 보여주며 추위와 난방비 걱정 없는 따뜻한 겨울을 선물해달라고 한다. 아이의 표정이 어릴 적 추운 겨울, 마당 구석에 놓인 수도꼭지 표정을 닮았다.

다 같이 춥던 그때 그 시절, 한파가 찾아온다는 소식을 들으면 어머니는 마당의 수도꼭지 얼지 말라고 두툼한 천으로 꼭꼭 싸매주는 일 잊지 않았다. 그처럼 추우면 더 추운 자리를 기억하듯, 가난해도 더 가난한 누군가가 얼게 두지 않았다. 다들 그런 시절이 있었다. 하지만 지금은 웬만하면 집 안에 수도가 있다. 바깥에 있는 수도 하나쯤 꽁꽁 언다고 살아가는 데 지장 없다며 아무도 신경을 쓰지 않는다.

그건 없는 듯 겨울을 넘어간다. 바깥의 수도 얼지 말라고 따뜻하게 감싸주던 마음이 그렇게 잊혀지고, 바깥에 있는 추운 사람들 얼지 말라고 그들을 따뜻하게 감싸주는 마음도 더불어 잊혀져 간다. 한파가 닥쳐오는 추운 밤이어도 다들 따뜻한 방에 있는 줄 안다. 한파가 온다고 그런 걸 신경 써야 하는 건 자신과는 무관한 귀찮은 삶이라 생각한다. 집 안에도 바깥 같은 실내가 있고, 따뜻하게 감싸주지 않으면 여전히 얼어버리기 쉬운 수도가 있음을 생각하지 못한다. 한겨울 추운 사람들 얼지 말라고 따뜻하게 감싸주던 마음이 그렇게 잊혀져 간다.

당연한 것으로 안다

겨울의 한복판에서 아우성치듯 한파가 지나간다. 아우성에 귀가 얼얼해지고 어딘가 은밀한 곳에서 혼자 얼고 터진 흔적들이 신음처럼 몸속을 맴돌고 있다. 몸은 연립 옥탑 단칸방처럼 이따금 덮치는 한파를 견디기 힘들다.

하지만 저 아우성 같은 한파도 같은 세상 같은 시대를 지나는 것이어서 사람들은 누구나 똑같이 겪는 줄 안다. 마음으로 찾아보지 않으면 누군가의 신음은 이따금만 보이는 얼어붙은 거리의 흔적 같은 것으로 느껴져 그냥 신경 안 써도 되는 것으로 친다. 따로 귀를 기울일 필요도 없는 당연한 것으로 안다.

이 또한 지나가리라. 냉소인지 위로인지 당연한 것이 점점 많아진다.

예전엔 미처 몰랐어요[2)]

전지전능한 하느님의 아들이라면서 왜 불안과 위험 속에서 와야 했을까. 왜 그렇게 당신을 사랑하는 부모님 마음을 졸이며 나약한 모습으로 와야 했을까. 왜 가난하고 냄새나는 누추한 곳으로 찾아왔을까, 우리를 구원하러 왔다면서, 왜 고통과 박해 속에 못 박혀 죽는 삶을 선택했는지, 왜 우리에게 그 힘든 길을 따라가야 한다고 했을까.

누구나 편안히 찾아올 수 있게 담장이 없는 곳에 오신 줄을, 당신을 보면 누구나 보호하고 싶어지게 가장 작은 모습으로 오신 줄을, 당신이 받은 핍박과 고통을 생각하면 나의 아픔과 고통은 아무것도 아님을 알게 하려고 그렇게 오신 것일까.

그렇게 오신 삶이, 사람을 살리는 사랑의 밥이 되는 것임을 예전엔 미처 몰랐어요. 배부른 자가 제힘과 돈으로 다 사재기해도 없어지지 않는 밥임을 예전엔 미처 몰랐어요. 아무리 빼앗겨도 찾기만 하면 늘 내 안에 돌아오고, 아무리 나눠 주어도 모자라거나 없어지지 않는 것, 아무리 막대한 힘과 돈으로도 독점할 수 없는 것인 줄을 예전엔 미처 몰랐어요. 그래서 아무리 가난하고 작은 자들이어도 모여서 같이 마음만 모으면 사흘 안에 견고한 성전도 세울 수 있게 하는 사랑인 줄을 예전엔 미처 몰랐어요.

---

2) 김소월의 시 「예전엔 미처 몰랐어요」에서 제목 차용

새로운 하루

비가 내린다
저 빗줄기들은 다시 땅으로 내려오게 되었다고
가슴 치며 안타까워하고 있을지 모르지
맺지 못할 인연이면 옆에 있고 싶어도 참으리
눈 질끈 감아 가슴 아프게 하늘로 올라갔는데
미련을 보인 것 같아 가슴이 더 아픈지도 모르지
거창한 다짐도 미련의 사소한 투정에 불과한 것 같아
가슴 조마조마 창피스러워하고 있는지도 모르지
그런 생각에 요란하거나 쓸쓸하게 내리는 건지도 모르지
다시 언젠가 눈 질끈 감고 헤어져야 함을 알지만
아직 다 하지 못한 사랑이 남아 있음을 어쩌랴
윤회와 같은 그 여러 번의 다짐과 좌절의 인연으로
특별히 어느 꽃나무가 더 아름답게 꽃을 피우고
특별히 어느 사람이 갈증을 넉넉히 채우는 것을
그대와의 새로운 하루가 그렇게 생기는 것을.

오늘 누가 태어났냐고 묻거든

누가 뭐라든 내가 알기론 추위에 노출된 누추한 외양간, 멋진 옷 값진 선물 없이도 마음만 먹으면 편안하게 누구나 찾아올 수 있게 가난한 모습으로, 위험을 무릅쓰며 아끼고 보살펴 끝까지 지켜내고 싶은 마음이 들게, 작고 약한 모습으로, 그런 모습으로 세상을 바꾸실 분이 오셨다 한다.

터무니없어 보이는 예언. 그분이 옳다고 믿는 이들이 세상을 바꾸고 있다. 그들을 보고 나도 믿는다.

한숨

내 안에 내가 아무리 외면해도 나를 외면하지 않는 벗이 있다. 평소엔 반기지 않다가도 찾아오면 위로가 되는 벗. 부르지도 않았는데 그가 나를 찾아오면, 그가 필요한 때임을 안다. 몸보다 마음이 먼저 그를 느껴 그의 위로를 받는다. 같은 숨결을 나누었으나 사랑받지 못하는 숨결. 낯선 숨결이어서 평상시에는 스스로 빗장을 걸어 숨어 있는 벗.

하지만 내 삶이 너무 버거워 낯설어지는 것 같으면 언제든 달려나와 버거움을 덜어주는 위로가 되는 벗. 마음이 굽이굽이 아득히 아래로 곤두박질치고 싶을 때 마술피리처럼 내 마음을 붙잡아 밖으로 끌고 나오는 벗. 가슴이 답답할 때면, 부르지 않았는데도 나보다 먼저 나의 수고를 알아 달려오는 벗. 나와 동행하면서 평안한 숨길을 열어주는 벗.

삶의 고비마다 그의 숨결로 자신을 건져내는 그가 있었기에 그 소리를 기억하는 사람들은 그 소리를 무시할 수 없다. 그가 보이지 않아도 같이 그 소리를 느끼며 기운을 차린다. 그가 나의 짐을 같이 견뎌내는 줄 안다. 그래도 그의 기척이 느껴지면 사람들에게 나의 약함을 들킨 것 같아 서둘러 그를 외면할 때 있지만, 가끔은 외면당한 채 말없이 사라지는 그를 위로하며 내가 감사해야 함을 안다.

그러니 한숨을 미워하지 마라, 그가 알아서 떠날 때까지 마음대로 그가 몸 안을 돌아다니게 하라.

희망은 늘 작은 것에서 시작된다

여전히 추운 겨울인데도 우린 얼어붙은 땅을 뚫고 나오는 어린 들풀의 작고 여린 싹에서 봄이 멀지 않았음을 알고, 봄꽃 나무들의 작은 꽃망울에서 가슴 설레게 열릴 아름다운 세상, 희망의 봄꽃 세상을 꿈꾸게 되고, 추위에 움츠린 어깨를 펴고 뭔가 새롭게 시작해보겠다는 꿈을 꾼다.

우리의 꿈과 희망을 주는 것들은 늘 그렇게 작고 여린 모습으로 찾아온다. 작은 아기가 부모의 꿈과 희망이 되고, 원대한 꿈도 작은 모습으로 시작했으며. 세상을 바꾸는 희망이 되었던 예수도 작은 아기의 모습으로 찾아오지 않았던가. 꿈과 희망은 그렇게 늘 보잘것없고 작고 여린 모습으로 찾아오는 거였다.

보잘것없어 보이지만 그 작은 것을 귀하고 소중하게 여기고 지켜주다 보면 그들이 우리의 꿈과 희망으로 자라는 거였다. 그 마음과 노력이 세상과 나를 바꾸는 거였다. 프란치스코 성인이 작고 가난한 삶의 길을 따라간 것도 그 길이었다.

좋은 날

나무들이 한세상 열며 새 이파리 낼 때
아무도 관심을 주지 않는다고
어디 그들이 새 이파리 내는 일을 마다한답니까
꽃나무들 꽃 피우며 맑은 햇살 원하는 봄날
궂은 비바람이 꽃나무의 우아한 품격 떨어뜨린다고
어디 그들이 꽃 피우는 일을 마다한답니까
너무 작고 낮아 밟히고 허리 꺾이거나
그저 누군가의 먹이로 사라지는 일 있다고
어디 풀들이 새싹 내며 자라는 일 멈춘답니까
이파리 내고 꽃 피우고 자라는 일이
그렇게 어리석은 사랑이어도
선 자리에서 아름다운 풍경이 되고
누군가의 살과 피가 되어주는
꽃과 나무와 풀들의 천성을 어찌하겠습니까
그들을 바라보고 사랑하며 벗하는 시간
오늘은 무진장 좋은 날입니다[3)]

3) 천양희 시인의 「참 좋은 날」에서 차용

슬퍼서 슬픔을 잊다

혼자서 사춘기 딸을 키우던 중년의 청소 용역 아주머니. 15평 연립 주택 하나 꿈꾸며 부지런히 건물 청소든 식당 일이든 닥치는 대로 했는데, 갑자기 올라가는 전세금이 그 꿈을 쫓아낸다. 쫓겨나는 그 꿈을 어떻게 붙잡을까 고민하다가 문득 슬퍼져 버린 그녀에게 사춘기 딸애가 슬픈 표정으로 다가와 말한다.

"나도 친구들처럼 오리털 롱패딩 하나 사면 안 돼?"

생각지 못한 곳에 숨었다가 빚쟁이처럼 튀어나오는 그 말에 꼭꼭 챙겨두던 전세금이 멀리 도망가는 소리가 들린다. 아이의 생각이 철없고 슬프다는 생각을 하다가, 제 슬픔이 딸아이 슬픔을 몰라봤다는 생각에 미안한 엄마가 슬픔을 감추며 내일 한번 사러 가 보자고 한다.

목소리에 눈물이 숨어 있는 걸 딸애가 알아버렸다. 제 욕심이 엄마를 슬프게 했다는 생각에 즐거워져야 할 아이의 마음도 덜컥 슬퍼진다.

슬퍼서 차마 아무 말도 못 하는 풍경이 그들을 가둔다. 사랑하는 사람의 슬픔을 알아차린 슬픔이 서로의 슬픔을 잊게 한다. 그 사연이 슬퍼서 나도 내 슬픔을 잊는다.

왜 시를 쓰냐고 묻거든 · 1

서로를 놓지 않고 응원하며 살려주던 나무와 이파리. 나무가 살아 이파리가 살고 이파리가 살아 나무가 살았지만 이제 더 이상 서로를 살려낼 수 없음에도 여전히 죽은 이파리를 붙잡고 놓지 못하는 나무들을 위해 시를 쓴다.

새로운 봄날을 기다려야 하는 때인데도 무슨 애절함이 남아 이파리가 고통스럽게 말라비틀어지도록 서로 놓지 못하는 것인가. 갖은 풍파에도 서로 붙잡은 손 놓지 않던 아름다운 사랑도 저리 애틋한 집착이 되면 아름다울 수 없겠구나, 생각하다가 미처 말하지 못한 그들의 속내를 헤아려주고자 시를 쓴다.

갑자기 덮친 추운 재난에 서로 살리겠다고 더 단단히 잡았겠지. 고운 단풍을 준비할 겨를도 없이 헤어질까 봐 무척이나 황망했겠지. 그러니 저 이파리는 갑작스런 재난을 만나 부랴부랴 성급히 썼으나 차마 봉인할 틈도 없어 제대로 부치지도 못한 사랑의 편지 같은 것. 그냥 헤어져버리면 아무것도 기억되지 못할까 붙잡은 모습 그대로 누가 받아봐 주시라 몸으로 쓴 애틋한 편지 같은 것. 말라 비틀어지도록 손 잡고 추운 겨울을 함께 견뎌온 애틋한 몸짓. 가장 깊은 사랑이 가장 아픈 모습으로 표현될 때가 이런 것이리.

겨울을 건너온 봄이 그 편지를 받아 읽을 것이고, 그 자리에 새 이파리 새 꽃을 불러 그들의 사랑을 살려낼 것이다. 손 붙잡아 서로를 응원하고 풍성하게 살리던 과거를 기억하고 미래를 살리는 입춘을 불러내고자 시를 쓴다.

왜 시를 쓰냐고 묻거든 · 2

한파주의보가 내린 겨울 한밤중 가족들의 따뜻한 밤잠을 위하여 집 바깥 외벽 쪽에 붙은 연탄보일러 아궁이의 연탄을 갈아놓느라 바깥에 나갔다 오는 아버지의 사랑을 생각하며 시를 쓴다.

가족들이 어제의 수고를 마저 풀어내지 못한 이른 새벽 혼자 부엌으로 들어가 아침을 준비하며 하루를 맞이하는 어머니의 정성을 생각하며 시를 쓴다.

밭에서 돌아오는 어머니의 저녁 수고를 덜기 위해 무릎을 꿇어 방바닥을 닦고 집안 청소하던 소년의 마음은 수고도 불편도 아니었던 기억으로 시를 쓴다.

소년이 짐작했던 부모의 수고와 불편, 어머니가 생각했을 자식의 수고와 불편은 수고와 불편이 아니라 기쁘게 해주고 싶었던 일이라고, 서로를 위해 살아가는 일상이라 여겼던 마음으로 시를 쓴다

그런 어머니 아버지를 위해, 그런 소년을 위해, 그 마음을 잊지 말자고 시를 쓴다. 돌아보면 수고와 불편은 다 사랑이었다고 시를 쓴다.

그 기억들을 사랑하여 시를 쓴다

짝사랑하시는 당신

찾지 않으면 보이지 않는 당신. 찾아도 잘 보이지 않는 당신. 그런데도 늘 옆에 함께 계시다는 당신. 늘 옆에서 당신이 나를 부르고 있는데 내가 듣지 못하고 있다는 당신. 내가 그 말을 믿고 느껴야 보이고, 애써 귀 기울여야 들린다고 말씀하시는 당신. 당신이 보이지 않고 들리지 않아도 내가 당신을 믿고 사랑하는 것만으로도 당신을 기쁘게 하는 것이라 하는 당신.

오늘은 어디에서 나를 지켜보며 부르시는가. 내가 어디를 보고 귀 기울이기를 바라시는가. 왜 내가 관심을 두어야만 보여주고 들려주시려는가. 왜 그리 나를 수줍게 짝사랑하시는가.

내가 그 짝사랑을 받을 자격이 있는 것인가. 내가 미안해서 먼저 찾아보게 하시는 당신. 확인할 필요도 없이 그 사랑을 생각하는 것만으로도 기쁨과 용기를 주어 나를 고백하게 하시는 당신.

마침내 오늘이 당신을 만나는 날인가. 봄날 벚꽃처럼 환장하듯 사랑이 피어난다. 내가 있는 곳에 당신이 있고 당신이 있는 곳에 내가 있다. 이 환장에서 깨고 싶지 않다. 제정신으로 돌아오고 싶지 않다.

나의 노래

나는 바람이라네
나는 나무이고 뿌리라네
하지만 꽃이고 싶을 때도 있다네
나는 별일 때도 있고 달일 때도 있다네
나는 사람이라네
나는 아버지이기도 하고 자식이기도 하다네
나는 어른이지만 아이이고 싶을 때도 있다네
나는 물이라네
불일 때도 있다네
이 모든 것들이 나였다가
다른 것으로 변할 때 있다네
굳건한 요새이고 싶었다가도
자유롭게 허물어지는 벽이 되고 싶을 때 있다네
누군가의 연인이었다가
누군가의 원수가 되기도 한다네
나는 이 모든 것을 사랑한다네
사랑하고 싶은 거라네
내가 원해서가 아니라 인도되는 거라네
내가 인도될 때 가장 그것다워지는 거라네
가장 사랑하는 것

가장 사랑받는 것
나는 동물의 먹이가 되는 풀이거나 열매
나는 나를 버릴 때 내가 되고 싶은 존재가 된다네
내가 나일 때 나는 가장 감미롭다네
어느 것도 나를 하나로 가둘 수 없어
내가 자유로워질 때 가장 용감해진다네
내가 물일 때 불이 강요되면
나는 불이길 거부한다네
나는 숨가쁜 자의 공기
허나 강요받지 않는 공기
강요받으면 누군가를 살리던 공기였다가
누군가를 죽이는 공기가 되기도 한다네
내가 원해서가 아니라 인도되는 거라네
나를 열어놓는 거라네.

희망, 너를 잊은 적 없다

계절이 변해도 봄 여름 가을 겨울이 옴을 믿듯 난 너를 잊은 적 없다. 아직 여기 없어도 다시 찾아오기 위해 언제 어디에선가 부지런히 준비하고 있음을 믿는다

이 믿음이 있어 네가 지금은 다른 모습으로 있어도 세상이 달라지는 꿈을 꾸고 살아갈 힘을 얻는다. 그 믿음이 없으면 난 그저 하나의 사물에 불과한 존재일 뿐.

그 믿음이 있어 내가 살아있다. 아, 가을이 나를 변화시키고 있다.

고백

누구에게나 마음속 깊이 담아둔, 하지 못한 말들이 있다. 오로지 세상 살아내느라 표현하지 못한 마음이 있다. 하고 싶었으나 하지 못한 말들을 꾸역꾸역 배낭에 담아 산으로 간다. 무엇을 담았는지도 모르게 그저 땀을 흘리며 등에 지고 오르내려야 했던 짐. 담고 갔던 말들을 풀어내지 못하고 그대로 등에 지고 내려오던 이들이 오늘 그것을 부려놓기 시작했다.

하나가 짐을 부려놓기 시작하니 서로 하나둘 마음을 털어 놓는다. 고백의 색깔이 다양하다. 산이 고백으로 단풍 들었다. 마음을 털어놓는 일은 단풍 드는 일이다. 서로 사연이 달라도 함께 하여 곱게 서로에게 공감하고 아름답게 젖는 일이다. 나아가 나를 버리고 가난해지는 일이다. 추워지는 때 쪼그라드는 햇살이어도 기쁘게 받아 스스로 찬란해지는 일이다. 쌀쌀한 현실을 기쁘게 마주하는 일이다.

정치와 종교를 분리해서 얘기하자고?

정치와 종교를 분리하자는 얘긴 서로 건들지 말고 거래하자는 얘기. 그건 정치가 다루는 삶과 종교가 다루는 삶이 다르다는 얘기. 정치는 바르게 다스리고 실천하는 거라 하고 종교는 사랑으로 가르치고 실천하는 거라면서 결국 다 같은 길을 가는 건데도 사실 서로 다른 길을 가고 있다는 얘기.

같이 섞여 살다 보니 불편한 게 많아 서로 존중해주고 간섭하지 말자는 얘기. 사람의 삶을 두 개로 나누자는 얘기. 서로 눈치 보지 말고 각자 알아서 자유롭게 살도록 거래하자는 얘기.

그건 종종 이익을 좋아하는 사람들이 하는 말. 그렇게 거래하고 나면 옳음의 기준이 종종 이익을 따라가는 걸 안다. 거기에 누가 웃돈처럼 얹어놓는 자유민주주의. 누가 더 이익이고 더 자유로워질까?

옳음의 기준이 양심을 벗어나면 누가 더 이익이고 더 자유로워질까?

선물 · 1

새 이파리 돋는 것도 선물. 예쁜 꽃을 내는 것도 선물. 그것을 잘 키우고 살려서 좋은 열매를 내는 것도 선물. 꽃을 못 내는 이파리만으로도 다른 꽃의 배경이 되어 꽃을 돋보여주는 것도 선물.

꽃의 배경이 될 이파리도 못내고 양식이 될 씨앗도 열매도 없어 그냥 온 몸을 내놓은 선물도 있네. 어떤 모습으로든 주어진 삶을 잘 살아내는 것도 선물.

생명을 선물 받은 것들에게 선물 아닌 것이 없네.

선물 · 2

내가 다니는 길은 평범하다. 동네 집들도 고만고만하고 운동 삼아 다녀오는 뒷산 산길도 특별히 멋진 풍경은 아니다. 그런데 매일 다녀도 지루하지 않다. 틈만 나면 그 산길을 걷는다. 운동하는 나를 벗해줘서 반갑다.

내가 사는 집도 화려하지 않다. 멋진 도시 멋진 호텔로 출장갔다가 낯익은 길 낯익은 동네로 돌아오면 집이 가까웠다는 반가움이 먼저 찾아온다. 낯섦의 긴장을 풀어주는 선물이다. 멋진 선물이 아니지만 매일 봐도 지루하지 않게 편안하고 안 보이다가 보면 더 반가워지는 선물.

그들을 선물로 반가워하며 감사하는 나도 그들에겐 좋은 선물이려니 믿는다. 그들과 내가 서로에게 선물로 있는 풍경.

이런 생각을 하게 되는 풍경이 참 좋다.

돌을 품은 뿌리

아버지 산소에 갔다가 나이 든 몸처럼 산담이 무너지는 곳이 보인다. 무너지는 담을 받쳐줄 적당한 돌을 찾다가 산소 옆 어느 나무 밑둥에 박힌 돌이 보인다, 나무도 도와줄 겸 돌을 뽑았더니 휑하니 텅 빈 공간이 생기고 뿌리의 하얀 맨살이 보였다. 자식처럼 돌을 품었던 절실한 마음도 보였다.

제 마음을 저 돌에 심고 싶었을까? 품고 품어도 꿈쩍 않았을 아픔 같은 돌. 품을수록 살이 벗겨지게 가슴을 아프게 했을 돌을, 뿌리는 살이 아물 겨를 없이 품고 또 품고 있었으리. 그 돌을 빼니 오히려 뿌리의 품이 공허하다. 같이 품고 지내다 보면 살면서 아무 도움이 안 되었을 돌도 없어지면 저렇게 맨살 드러나듯 공허해지는 것일까.

그 자리에 흙을 채우고 빼낸 돌을 산담의 무너진 자리에 가져다 받쳐 놓는다. 돌이 제자리를 찾았을까? 나무가 편안해졌을까? 누구의 것인지 모를 끈끈한 사랑의 아픔이 그렇게 평온한 풍경 속에 숨어 있었다.

기억으로

장미는 가장 예쁘고 가장 향기로울 때의 기억으로 꽃이 지고 잎사귀만 남았어도 여전히 예쁜 장미로 남는다. 꽃을 피우지 않을 때에도 자기가 있는 자리를 기쁘고 환하게 하던 기억으로 그는 사랑스러운 장미다. 그가 아무것도 하지 않아도 장미에 대한 우리의 기억이 그를 그렇게 살아있게 한다.

어디 장미만 그러겠느냐. 내겐 장미였으나 여기 없는 너도, 너에 대한 나의 기억이 너를 여기 살아있게 한다. 덧없는 순간일 뿐이라 하지 마라. 돌아보면 덧없지 않은 게 없지만 그 덧없는 순간이 전부인 때가 있고, 그 덧없는 순간을 귀하게 여겨 온 삶을 바치는 생애(生涯)도 있지 않느냐.

걸림돌

길을 가다가 돌에 걸려 넘어질 때 있다. 왜 내 길을 막는 것인가 저 걸림돌의 속내를 궁금히 여기다가, 원래 있을 곳에 있었을 뿐인 그를 내가 먼저 차서 넘어졌으면서 걸림돌이라 원망스런 이름을 붙이니 그 돌이 억울하기도 하겠다 싶다. 긍정적 관심을 가지고 그 돌을 돌아보았다. 걸림돌이 피해야 할 존재가 아니라 벗이 되었다.

그러니까 걸림돌을 벗으로 만드는 건 나를 돌아보고 관심을 가지는 일이었다. 아무것도 아닐 것을 아무것으로 만드는 일이고, 평소 피해 다니느라 영영 만나지 못했을 벗을 더불어 살아갈 벗으로 창조하는 일이었다. 창조의 아픔이 벗처럼 따라다니는 일이었다.

그래서 피해다니느라 포기한 것들보다 같이 있어 창조한 것들이 더 많아지는 일이었다.

가난의 삶을 선택한다는 건

재속프란치스칸에게 가난의 삶을 선택한다는 건
먹고 싶은 것을 포기하거나
남루한 옷을 입고 살아야 한다는 게 아니라
화려한 꾸밈과 배부른 포만을 절제하겠다는 것입니다
부자나 권력자들을 멀리하고
그들과 어울리지 않겠다는 것이 아니라
그들이 관심을 두지 않고 외면하는 사람들을
먼저 찾아가 형제가 되어주겠다는 것입니다
가진 사람들의 잣대로 세상을 바라보거나
사람들을 판단하고 차별하겠다는 게 아니라
오직 형제애의 마음으로
사람과 세상을 바라보고 이해하겠다는 것입니다
보다 나은 미래에 대한 욕심이나
불의에 대한 분노를 절제하겠다는 것이 아니라
마음에 상처를 주고 자연을 황폐하게 하는
욕심과 분노를 절제하겠다는 것입니다
내 육신과 마음의 편안함을 위해
사람과 세상을 회피하겠다는 것이 아니라
모두의 평안과 공존을 위해
나의 불편을 감수하겠다는 것입니다

부를 축적하기 위해 발버둥거릴 필요 없이
적당히 즐기며 편안히 살겠다는 것이 아니라
나의 재능을 잘 살려 열심히 일하고 거두어
그 결과를 기꺼이 나누며 살겠다는 것입니다
낮은 곳에 낮게 엎드려
복종하며 비굴해지겠다는 것이 아니라
낮은 곳으로 내려가 겸손하게 작은 자로
만나는 사람들을 귀하게 존중하며 살겠다는 것입니다
채우기 위해 나를 비우는 것이 아니라
자유로워지기 위해 나를 비우겠다는 것이며,
필요한 것은 필요한 때에 채워지고
공정하게 쓰이리라는 믿음으로 살겠다는 것입니다
가난의 삶을 선택한다는 건
내가 화려한 꽃이 되겠다는 것이 아니라
꽃을 피우는 땅속 뿌리가 되겠다는 것이며
꽃과 뿌리가 따로 존재하지 않음과 같이
가난함과 부유함도 하나임을 이해하겠다는 것입니다
내 마음과 세상의 누추한 곳을 찾아
이해하고 어루만지며 사랑해주겠다는 것이며
한가하게 여유롭게 살겠다는 것이 아니라
열심히 살아 좋은 결실을 내겠다는 것이고
그것으로 나는 생명을 살리겠다는 것입니다
그것은 일상 안에서
나의 이기적 욕망을 절제하는 순교의 삶이기도 합니다.

무거움에 대하여

무거운 추위에 꼼짝없이 얼어붙은 세상 위를 땡강땡강 소리를 내며 햇살이 지나간다. 얼음이 녹는 소리, 생명을 불러내는 소리, 생명이 제자리를 찾아가는 소리이다. 무겁게 삶을 포위하고 있는 추위를 쓰러뜨리는 데는 진지하고 장렬하게 스스로를 불사르며 재가 되는 장작불보다 가벼운, 그렇게 가벼운 햇살만큼 제격인 것은 없다. 삶의 무거움을 떨쳐버리는 일은 늘 가벼운 것들의 몫이었다, 삶이 무겁다 무겁다 해도 가장 가벼운 것에 허물어지는 무거움이면 그거 별것 아니다.

그러니 삶이 무겁고 힘들어 그만 주저앉고 싶을 때 있으면 끝은 또 하나의 새로운 시작이라는 가벼운 진리를 되새겨볼 일이다. 너무나 상투적이고 평범해서 참을 수 없이 가볍게 들릴지 모르지만 지나 온 삶의 무게를 털고 새로운 삶을 꿈꾸는 데는 또 그만한 게 없다.

그래서 해마다 새로 시작한 삶에 크고 작은 상처 받아 속는 일 있어도 때가 되면 무겁고 진지한 재야(在野)의 타종 자리에 가벼운 모습으로 들떠 모여 길들인 짐승들처럼 뭔가 시작을 꿈꾸며 새로운 결심을 하는 거 아닐까? 그 가벼움으로 삶을 누르는 무게를 털고 희망이 솟게 하는 것 아닐까? 끝은 새로운 시작이라면서 시작은 끝이 아니고 반이라는 이유는 살아 있는 동안 끝이란 없고 새로 시작한 꿈이 멀지 않은 곳에 있음을 확인하며 스스로를 가볍게 만들어가는 것 아닐까?

삶을 살아 있게 하고 제 자리를 찾아가게 하는 것은 이 가벼움. 그런 가벼움을 이기는 무거움이란 없을 것이다. 새로운 시작이 바로 여기 있다. 모든 게 끝장날 것 같아도 새로 시작할 수밖에 없다.

과천 - 의왕 고속도로

아직 어둠이 가시지 않은 새벽, 자동차를 몰고 의왕 - 과천 고속도로를 달립니다. 문득 주위로 빛과 함께 어둠을 밀어내며 달려오는 눈 덮인 산들을 봅니다. 거기엔 나무들이 온통 축제를 벌인 듯 눈꽃을 피우고, 들판엔 온통 눈꽃잎들을 떨어뜨려 놓았습니다. 카세트 끄고, 경치에 취해 속도를 늦춥니다. 산으로 난 길이 있으면 방향을 돌리고 싶습니다.

하지만 어딘가를 향해 달리도록 만든 길에는 다른 길로 들어설 틈이 없습니다. 거긴 함께 하고 싶은 마음을 용납하지 않습니다. 따라오던 차들이 경적을 울리고, 추월하며 힐끗 바라봅니다. 이런 길에선 잠시의 여유로움도 타인에게 방해가 됩니다. 아름다운 설원을 가르며 넓고 곧게 뻗은 길이 싫을 때가 이런 때인가 봅니다. 아름다움을 찾는 이들이 작은 오솔길을 더 좋아하는 이유를 알 것 같습니다. 작은 오솔길엔 그 길이 있는 곳을 좋아하는 사람만이 만들어낸 길입니다. 하여 거기엔 누군가 함께 걸어가고 싶은 마음을 담고 있습니다. 혼자 걸어도 외롭지 않고 따뜻한 느낌이 있습니다.

지금 달리는 이 길엔 양옆으로 높은 울타리를 쳐 놓아 이미 가던 길을 가지 않을 수 없게 합니다. 한 번 들어서면 계속 달려야 하는 이 길은 목적지까지 빨리 데려다주지만, 그곳이 진정한 목적지인지는 모릅니다. 여기엔 가끔 산짐승이 들어서면 가차 없이 밟고 지나가며 나중엔 털까지 없어지는 길입니다. 사람들은 이 길이 좋아 마구 달려갑니다. 속도를 내며 달려갑니다. 산짐승 발자국이나 꼬리라도 보이면 숨죽이며 가만히 바라보다 시간 가는 줄 모르는 그 길이 그립습니다.

희망의 곡선

희망. 네가 보이지 않아도 난 천성처럼 네게로 가고 있었다. 가끔 멀리 네가 보여 너를 만나 힘차게 껴안을 생각으로 가슴 들떠 달려가다가도 어느 순간 다시 네가 보이지 않아 나를 피하는가 보다, 실망하고 좌절하여 멈추고 싶다가도, 이미 나를 잊었다 비웃는 사람들의 유혹에 솔깃하다가도, 네게 향한 걸음을 멈추어본 적 없다.

네게 난 길을 열심히 걸어가는 일이 오히려 네게 등을 보이며 가야 하는 것 같을 때에도, 네게로 가는 길 앞에 가파른 절벽이 놓이는 일 있어 우리의 만남을 왜 이토록 힘들게 하느냐 원망하다가도, 언젠가 환한 모습으로 네가 먼저 달려와 나를 맞이할 거란 생각을 잊어본 적이 없다.

그렇게 내 마음은 너를 잊은 적이 없다. 곧바로 네게 달려가지 못하는 내 삶은 곧게 뻗은 길이 아닌 구불구불한 곡선이었으나 네가 있어 나는 길을 잃지 않았다. 네게 가는 길은 산천이 아름답고 정겨운 곡선이었다. 너와 내가 만나는 역사가 곡선이었다. 4월을 만나고 5월을 만나는 길이 곡선이었고, 희망을 찾아가고 만나는 일이 곡선이었다. 무슨 일이 있어도 꺾이지 않는 슬프도록 아름다운 곡선이었다.

그래서 곡선을 따라가는 길이 종종 더 아름다웠다.

인연

세상이 건잡을 수 없게 덮쳐오는 가을날 오후, 이 세상을 이기겠노라 숲속 사찰로 산책을 갔다가 대웅전 안에서 들려오는 기도의 효험을 얻어나 볼까, 은밀하게 대웅전 뒤편으로 걸어가면서 마주한 단풍. 세상의 인연을 버리겠노라, 절에 들어온 여인이 세상에 두고 온 인연이 그리웠는가, 대웅전 뒤편에서 몰래 단장하며 가을을 견디다 그만, 지울 수 없이 붉게 물들어버린 그리움을 보고 말았다.

차마 완전히 버리지 못해 붉어진 그의 그리움이 들키듯 버리고자 했으나 버려지지 않는 나의 세상도 들키고 말았다. 그리움은 끊는다고 버려지는 게 아니라 사랑으로 깊어져서 소멸되는 것을 모르는가. 저녁 예불을 알리는 종이 울렸다.

가을이 세상의 인연을 위해 기도하고 있었다.

나는 무엇으로 보는가

사람은 태어나면 세상이 그를 채우려 한다. 자기를 채우는 세상에 마음을 많이 두면 둘수록 그 사람은 세상에 의해 만들어진다. 그러나 사람이 그걸 비워내려 하면 스스로가 자신을 만들게 된다. 세상이 담겼던 자리에는 세상의 흔적이 남아있을지 모르지만 그것은 비어 있어 다른 것이 들어갈 공간이 생긴다. 거기에는 무엇이든 들어올 수 있고, 나는 무엇이든 될 수 있다. 자신을 채운 세상을 비워낼수록 나는 나로 남아 다른 것이 들어올 여지가 많아진다.

밖을 쳐다보고서는 나를 비울 수가 없다. 내 안에 무엇이 가득 차 있는지를 모르기 때문이다. 나를 들여다보아야 한다. 안을 들여다보아야 한다. 내가 무엇으로 채워져 있는가를 보아야 나를 비울 수 있다. 내가 채워져 있으면 채워진 것으로 세상을 보게 되고 비워져 있으면 비워진 모습으로 세상을 보게 된다. 어느 쪽이 더 잘 보이겠는가.

4부

내 안의 숲

작은 자로 다가가는 일

사람들에게 작은 자로 다가간다는 일은 사람들에게 두려움과 경계심을 버리게 한다. 편안하고 따뜻한 마음을 갖게 하고 보호해주고 싶은 마음을 갖게 한다. 나도 같이 작은 자가 되고 싶게 한다.

그래서 작은 자로 다가가는 일은 사람들에게 못을 박는 자가 아니라 예수처럼 못에 박히는 자가 되는 것이고, 못을 박는 자를 증오하고 미워하는 자가 아니라 예수처럼 사랑하고 용서하는 자가 되는 것이다. 싸우는 자가 아니라 싸우는 마음을 버린 사람, 스스로 무장을 해제한 화해하는 자가 되는 것이고, 욕심에 허덕이는 자가 아니라 공기처럼 가볍고 자유로운 존재자가 되는 것이며, 가지는 자가 아니라 주는 자가 되는 것이다. 굽비오의 사나운 늑대[4]를 죽여 안전해지기보다 더불어 사는 방법을 찾는 존재가 되는 것이고, 누군가를 비난하거나 힘을 휘두르기보다 사랑과 자비와 이해를 보이는 자가 되는 것이다.

작은자로 다가간다는 건 상대를 귀한 존재가 되게 하는 일이다. 낮게 누운 작은 잔디들처럼 같이 있는 곳이 아름답고 편안한 장소가 되게 하는 일이다. 그러지 못한 나를 돌아보고 반성하고 반성하는 일이다.

---

4) 프란치스코 성인이 살아 있을 때 굽비오라는 마을에서 포악한 늑대가 나타나 사람을 괴롭혔는데 성인이 늑대를 교화시켜 마을사람들과 늑대가 평화롭게 같이 지낼 수 있었다는 일화가 있다.

그런데 우리의 배은망덕과 악의는 종종 그분의 선하심과 사랑보다 강할 때가 있다.

의로움을 구하라

아이들은 자신이 원하는 게 있으면 부모님께 간청한다. 그러나 부모님은 아이가 원하는 것이 아이에게 좋은 것인지, 합당한 것인지를 판단하고 들어줄 것은 들어주고, 들어주지 못할 일은 거절하거나 나중에 해주겠다고 한다. 그러니까 아이들이 원한다고 다 얻는 것은 아니다. 그래서 아이들은 옳은 것을 간청해야 한다.

하느님도 마찬가지이다. 하느님께서는 옳고 의로운 것을 들어주시거 그렇지 않은 소원은 들어주지 않을 거라고 생각한다. 우리의 양심이 그걸 잘 안다. 따라서 우리도 의롭고 옳은 것을 구해야 한다. 사랑과 자비의 관점에서 의롭고 옳은 것을 구해야 한다. 그럴 때 하느님께서는 곧바로 우리가 간청하는 것을 들어주신다. 그렇지 않은 것은 우리가 스스로 깨달을 때까지 미루신다. 구하는 것을 얻고자 하는 우리의 정성을 바라보기도 하고, 구하는 것을 얻고자 하는 우리의 열정과 노력을 보시며, 그것을 얻고자 하는 우리 마음의 근본적인 목적과 의도를 확인할 것이다.

그래서 하느님은 기다리신다. 가끔 우리가 실망하고 원망할 때까지 기다리신다. 실망과 원망을 이겨내고 우리가 변화할 때까지 기다리신다. 온 마음을 다하여 얻고자 하는 노력과 시간을 기다리신다. 아이들에게는 그렇게 가르치면서 어른들은 종종 그걸 잊어버린다. 들어주지 않을 거라 생각하면서도 구한다. 들어주지 않으면 어쩔 수 없고, 들어주면 감사하고. 양심에 부끄러운 소망이 이루어지면 기적이고.

그래서 의로움을 구한다고 내 개인을 위한 소망은 삼가려했던 기억이 난다. 그래도 가끔은 내가 생각한 의로움에 슬쩍 개인적인 소망을 몰래 끼워놓은 적 있었을 것이다.

서러움

산을 가다가 커다란 바위 옆에 있는 나무가 그 바위를 피해 옆으로 비스듬히 자라는 걸 봅니다. 자기를 막고 서 있는 바위를 어쩔 수 없었던 거겠지요. 나무가 힘들겠다 싶으면서도 특이한 모습에 나무가 멋있어 보입니다.

길을 가다가 쇠 테두리를 몸에 품어 자라는 가로수를 봅니다. 어렸을 때 자기를 둘러쌌던 테두리를 아무도 벗겨주지 않아 자신를 조여오는 걸 어쩔 수 없었던 거겠지요. 그걸 벗어날 힘이 없어 그것을 아예 품어버린 겁니다. 생명의 힘이 대단하게 느껴지다가도 그렇게라도 부지해야 하는 생명이 서글퍼집니다. 그래도 그런 나무의 생명을 탓할 수 없습니다. 그런 상황에 있게 한 그 누군가가 서러울 뿐입니다.

그보다 더 서러운 것은 나도 그걸 바로잡아주지 못했던 겁니다. 내가 해야 할 일이 따로 있다는 이유로 그냥 넘어가 버린 것이 더 나를 서글프게 했습니다.

가난해지는 것, 단풍 드는 일

나무가 단풍이 들기 시작하면 나무는 가난해지기 시작하는 거다. 오랜 시간 붙잡고 버텨오던 잎들을 서서히 놓아주고 싶어지는 거다. 그 마음을 조금씩 키워가다 작은 빗방울이 툭 쳐도 내어주고 작은 바람이 지나가도 가져가고 싶은 만큼 가져가라고 왕창왕창 내어주고 싶어지는 거다.

사람도 가난해지기 시작하면 그렇게 단풍이 드는 거다. 세찬 비바람도 버티고 이겨내며 오랫동안 붙잡아 온 것들을 가볍게 내려놓는 거다. 단단히 나를 무장시키던 욕심, 사소한 말과 행동에도 불끈 일어서던 자존심, 모든 걸 왕창왕창 털어내면서 조용히 죽겠다고 아래로 내려와 낮게 눕는 거다.

단풍이 든다는 건 그렇게 가난해지는 것이고, 아름답게 단풍이 드는 거다. 아, 그 아름다움마저 잊고 버리는 거다.

지식 또는 추억

가을이 잰걸음으로 겨울로 달려가는 늦가을 아침, 초등학교 동창 친구들 단톡방에 한 친구가 붉은 산수유 열매 사진을 올렸는데 구기자인가 산수유인가 의견이 분분하다. 어린 시절 추억처럼 희미해져 버린 우리 지식이야 아무려면 어쩌고, 비슷한 걸 굳이 구분하는 게 뭐가 중요하랴. 괜찮다. 지금은 쓸데없는 건 버리라는 때이니 외우며 배운 지식은 버려도 좋은 때라고 한다.

기억해야 할 것은 열매의 이름이 맞네 안 맞네라기보다 열매가 떠올려주는 사랑의 추억 같은 것. 그래서 성탄제 깊은 밤 열병으로 목숨이 잦아드는 '어린 짐승' 같은 자식을 위해 눈발을 해쳐 따온 붉은 산수유 같은 약과, 상기된 열을 식혀주던 아버지의 서늘한 옷자락에서 어느 시인이 느꼈던 아버지의 사랑을 기억한다.[5] 거기에 위태로운 아기 예수를 지키던 어머니 마리와와 아버지 요셉을 기억하는 것으로 충분한 것이다.

열매의 구체적인 이름 시간 장소의 지식은 그다지 중요하지 않다. 삶의 가을이 깊어 겨울로 가는 지금은 우리를 있게 한 추억이 더 간절하고 소중하다는 생각이 든다.

---

5) 김종길 시인의 「성탄제」 참고.

내 안의 숲

내 마음 안에 내가 늘 다니는 숲이 있다. 숲은 늘 자라고 싶은 잎들로 무성해서 안은 깜깜하다. 그래서 거기선 늘 낯익은 길, 낯익은 소리를 따라간다. 그런데 종종 낯선 소리 낯선 길이 나를 부를 때가 있다. 그 소리 그 길을 찾아가고 싶어도 잘 보이지 않는다.

그 안에서 많은 사람들을 만나기도 하지만 그들은 종종 외롭고 낯선 길과 소리를 따라 그들의 길을 간다. 느껴지는 것 같으나 내가 분명히 느낄 수 없는 숲. 보이는 것 같으나 내겐 제대로 보이지 않는 숲. 보여 주고 싶으나 나도 제대로 보여 줄 수 없는 숲. 어정쩡하니 빈틈을 채우며 풍요로워지는 것 같지만 언뜻언뜻 나를 부르는 낯선 길 낯선 소리가 어색해져 너무 낯익은 숲이 너무 낯설게 외롭고 쓸쓸할 때 있다.

숲을 채운 잎들을 다 털어내고 가난하게 비워내서야 비로소 캄캄한 숲이 환하게 보이고 내가 내 안의 진짜 숲을 만날 수 있을까?

그런 때 있겠지. 믿어보기로 한다.

나무의 궁금함

나무도 비탈에서 넘어지는 일 있을까. 깊이 뿌리내리며 위로 자라던 나무가 방향을 돌려 비탈 아래로 몸을 뻗고 있다. 왜 나무가 아래로 향했을까. 힘들게 올라온 높이를 포기하고 더 아래로 내려간 이유를 궁금해하며 나무가 내려가는 곳을 본다.

아래쪽에선 작은 나무들이 한결같이 위로 자라고 있다. 무엇을 확인했을까. 무슨 일이기에 오래 올라온 시간을 되돌아갔을까. 다시 돌아가려면 너무 힘들지 않을까? 그런 걱정할 필요 없다.

거기쯤에서 아래로 굽었던 나무가 다시 위로 몸을 틀고 있다. 무슨 일이 있었을까. 무엇이 달라졌을까. 그 풍경 하나 만들어지는데 참 오랜 세월이 걸렸다.

잡초가 아닙니다

내 마음밭에 당신 생각이 마구 자랍니다. 그 속에 마음에 드는 꽃 하나 피는 줄 알았더니 작은 꽃 하나 피지 않습니다. 그저 못생긴 잡초들뿐입니다. 사람들이 마구 밟고 지나가도 누구 하나 신경 쓰지 않는 잡초들입니다.

하지만 난 그것들을 잡초라 부르지 않습니다. 들풀이라 부릅니다. 꽃들의 배경으로 자라는 풀, 길을 자연이게 하는 풀입니다. 발 딛을 때 조심해야 하는 예쁜 꽃보다 내 가는 길을 편안하게 하는 풀입니다. 아무리 큰 나무가 있고 예쁜 꽃이 있어도 지나가는 길에 이런 들풀이 없으면 누가 자유로운 들길을 걸었다 하겠습니까, 누가 생명이 자라는 길을 걸었다 하겠습니까.

당신 생각으로 마음밭이 더 부드럽고 편안해집니다.

사육신(死六臣) 공원에서

책에서 배우고 읽었던 사육신 묘. 그저 지나가기만 하다가 처음 방문했다. 어릴 적에 자주 들여다보았던 삶. 사당에 그들의 위패가 있는데 내 눈이 잘못되었는지 아무 글도 없이 까만색이다. 장식처럼 꽂혀있으나 아무도 꺼내 보지 않는 서점의 책들처럼 제 등만 보이며 서 있는 듯했다. 애써 그 삶을 다시 되새겨보려 해도 자세하게 알려주는 사람이 없다.

서점에서도 종종 철학이 깊은 책들은 제 속마음은 드러내지 않고 등만 보이고 격식을 차리며 꼿꼿하게 서 있는 걸 좋아한다. 그들을 키웠던 충심의 격식도 그랬을까? 하지만 사실 알고 보면 그 책들도 자신을 붙잡은 격식의 틀에서 내려와 자기를 가지라고 벌러덩 눕고 싶을 것이다. 누가 임금이고 누가 백성인지 헷갈리는 시대. 제 마음을 자세히 알아봐달라며 눕고 싶다. 품격 없이 노골적이라 한들 뭐가 문제이랴.

다시 선택받고 깊은 절실한 속내를 숨기고 어찌 등만 보이며 선택해달라 할까. 어린 책들이 아이들 앞에 귀엽게 모이듯 마음을 얻고 싶으면 먼저 체면은 버리고 절실하게 제 마음을 보여야 하는 일인데, 온갖 고초를 견디며 살아낸 사육신의 충심은 꼿꼿하게 등만 보이며 서

있는 책들처럼 방문객들의 마음을 얻지 못하고 있었다. 오래된 충심(忠心)이 낯선 시대를 만나 선을 보며 낭패를 겪고 있었다.

사랑하였으나 차마 불러내지 못한 그리움

권력과 이익이 매개되지 않으면 권위가 무시되는 사회, 법을 어겨도 우기거나 침묵하면 함부로 하지 못하는 사회, 언론도 정파 이익에 따라 패거리처럼 움직이는 사회, 내 편이면 틀려도 무조건 맞고 네 편이면 맞아도 무조건 틀리는 사회, 다른 세상이 어떻게 되든 제 힘과 이익만 챙기면 되는 사회, 같은 세상에 있으면서 다른 세상을 향해 달려가는 때에 그 세상을 지우라고 새벽부터 함박눈이 내렸다.

그건 내가 사랑하였으나 차마 불러내지 못한 그리움 같은 것. 그 눈이 펑펑 내렸다. 저건 다른 세상이 불러낸 그리움인가? 사람들은 같은 세상에 있어도 다른 세상에 있고, 같은 것을 보는 데도 다른 것을 느끼느라 세상은 여전히 서로 다른 아침을 만난다. 하지만 그대와 내가 사랑하는 그리움은 펑펑 내리는 저 하얀 눈 같은 그리움. 저 눈이 온다는 생각만으로 아이가 되고 연인이고 싶은 그리움. 그 그리움이 달려와 세상에 키스하고 있다.

패거리 지어 우기고 공격하는 세상이 아닌 보잘것없는 세상을 사랑하고 있다. 아무리 하찮고 보잘것없다는 사랑도 가장 귀하고 아름답게 만들어주는 그리움. 한 번 터지면 너무 절실해서 세상이 아무리 외면해도 멈출 수 그리움. 그 그리움이 오늘은 눈으로 찾아와 서로가 갈라

놓은 세상을 온통 하얗게 덮고 있다. 귀하고 아름답게 만들고 있다.

같은 세상에 있으면서 자기만 고집하는 세상은 그만 기웃거리고 차라리 하얀 그리움을 따라가라고 한다. 내가 그 세상으로 갔다. 새해 그 세상에서 우리가 만났으면.

갯벌

갯벌. 여긴 강도 바다도 땅도 아닌 경계가 지워지지 않은 땅. 땅의 생명도 물의 생명도 알아서 자유롭게 넘나드는 비무장지대. 들어오는 것을 막지 않고 나가는 것을 붙잡지 않는 땅. 살고 싶은 것들이 찾아오면 알아서 길을 찾고 알아서 제 공간을 만드는 곳. 아니, 알아서 길도 공간도 내어주는 곳. 아무도 저만의 공간, 저만의 길이라고 주장하며 막지 않는다.

살겠다는 것들이 찾아오고 모이는 곳이어서 들어오는 것들에겐 다른 생명의 밥이 되어주는 일은 싸움도 전쟁도 아니다. 여기서 살아가는 일이 밥을 얻고 밥이 되는 일. 살겠다는 마음과 살리겠다는 마음이 서로 다르지 않다. 그 둘의 마음이 하나로 같이 어우러져 자란다. 그래서 여기 들어오는 것들은 서로 알아서 품을 수밖에 없다. 스스로 살아있는 것들의 밥이 되면서 생명을 품는다. 살아서 생명을 품는다. 알아서 생명을 품고 살아있는 것들의 양식이 되는 땅. 살려주겠다고 품어주는 땅.

그래서 여긴 딱딱하게 굳으면 안 되는 땅. 물의 들숨 날숨이 자유로이 왕래할 수 있게 부드러워질 수밖에 없는 땅. 천성 부드러워져야 하는 땅. 살아난 생명들이 '나를 살렸으니 내가 살리겠다.'고 스스로를 보시(報施)하는 곳. 그런 생명들이 모여 더 큰 생명이 되는 땅.

누가 거기 생명의 들숨과 날숨을 막아 제 것으로 만드는가. 보시하는 마음을 없애 독점하려 하는가. 보시하고 보시받으며 함께 살아가는 세상을 욕심의 땅, 혼자만의 땅, 지배하는 자들만의 땅으로 만드는가. 욕심 많은 사람들의 땅으로 만들어 더 많은 사람들의 삶을 황폐하게 하는가. 생명을 살리는 더 큰 자유로운 생명이 되는 일은 갯벌처럼 살아있는 것들이 서로를 살리는 방식을 살리는 일.

정치의 영역도 갯벌 같으면 좋겠다.

공평함을 향하여

우린 공평함을 꿈꾼다. 인간은 늘 공평함을 원하지만 불공평할 때가 많아 서로를 믿지 못한다. 하지만 창조 질서는 늘 공평하다. 자연은 늘 공평하고자 한다. 종종 공평하지 않는 것처럼 보여도 공평함의 기준이 있다. 우리는 그 공평함을 믿는다. 언제고 공평함이 찾아올 거라 믿는다.

자연의 공평함은 일 년에 두 번 온다. 춘분과 추분. 하지만 공평의 순간이 지났어도 시간은 공평의 순간을 향해 계속 움직인다. 그 시간을 못 참아 불공평하다고 비판하고 불평해봐야 소용이 없다. 중요한 것은 공평의 법을 기억하고 공평의 순간을 향해 인내하며 나아가는 게 중요하다. 그래야 생명이 온전히 살아갈 수 있다.

그런데도 종종 세상은 햇살이 세상을 독점한다고 비판이고, 햇살은 일 좀 하려는데 세상이 비판만 한다고 불만이다. 하지만 세상엔 정해진 시간과 해야 할 일이 있고 오랫동안 인정해 온 선이 있다. 그런데 그 선을 무시하고 비판하고 불평만 하면 어쩌나. 아무리 비판하고 아무리 불평해도 주어진 시간이 있고 주어진 역할이 있다.

자연의 공평함은 언제나 삼가고 절제하고 내어줌에 있다. 그것이 있어 우리의 삶이 지탱된다. 햇살의 시간을 덜고 비판의 위세를 줄이면서 공평의 시간을 주어야 한다. 자연의 공평함을 유지하려고 노력하는 일. 그게 모두를 살리고 평안케 한다. 내 것이 나만의 것이 아니라 같이 우리 모두의 것임을 알게 한다.

그것을 기억하라고 생명을 살리는 결실을 준비해야 하는 때 추분이 주어진다.

기적

기적은
그것을 보여 주기 위한 자리가 준비되었을 때 온다.
그것을 보고자 하는 사람들의 마음이 준비되었을 때
그것을 절실하게 기다리는 사람들이 준비되었을 때
스스로 그것을 해내려는 행동이 나타날 때 온다.
거의 99%를 준비했지만, 마지막 1%
내가 채울 수 없어 간절히 도움을 청할 때 온다.

아무도 무시할 수 없는 꿈

열대야로 지친 밤을 보낸 아침. 새로운 마음으로 뒷산을 올랐는데 열대야에 시달리는 밤나무에 어린 밤송이들이 모여 인사를 한다. 짝지어 모인 귀여운 모습에서 사이 좋게 자라는 꿈들을 본다. 보기만 해도 행복한 소리가 들린다. 아이들을 키우던 꿈이 떠오른다.

오늘의 산행은 그것으로 충분했다. 무더위에 허덕이면서도 이렇게 키워내는 나무. 밤나무가 이런 꿈을 키우고 있었다. 늙은 나무도 어린 나무도 똑같이 이런 꿈을 키우고 있었다.

아무도 무시할 수 없는 꿈이다.

사랑의 보물찾기

보물찾기하자고 선물을 준비하셨다는 당신은
누구나 잘 볼 수 있는 곳에 보물을 감추셨다 하셨지만
뜻밖의 장소에 숨겨놓으시는 걸 좋아하시지요
그래도 누구나 쉽게 찾아갈 수 있는 곳이겠지요
힘이 세거나 특별한 장비가 없어도 되는 곳에
보거나 들을 수 없어도 별다른 재능이 없어도
찾으려 노력하면 누구나 찾을 수 있게 감춰두셨지요
욕심 많은 이도 얼마든지 알아볼 수 있게 하셨어요
하지만 싸우고 해치며 찾을 수는 없게 하셨지요
독점하려 할수록 보물이 아닌 게 되어버리는 선물
당신의 뜻을 무시하면 아무리 찾아도 보이지 않고
잘 헤아리고 찾으면 어디서나 보이게 놓아두셨다는데
보물찾기에는 젬병인 내가 한번 기대해도 될지요.

노야(老野, Aged Wilderness)

- 강요배 화백의 작품을 감상하고

이젠 한물간
늙어버린 들판인 줄 알았더니
나이 안 가리고
같이 이파리 내고 같이 꽃 피우고
같이 놀아주며 나를 키우던 들판이었네
기쁜 일에도 슬픈 일에도
같이 살아가는 모습만으로
씨 뿌려 생명 키우고
생명 거두는 일마저
삶으로 남은 들판
이젠 물러나야 할
늙어버린 들판인 줄 알았더니
새로 찾아올 모든 생명의
아름다운 한창때를 위해
여전히 왕성하게 살아내는 들판이었네
자연은 나이가 든다고 노년이 아니었고
노년은 지혜가 모인 들판이었네.

그리움, 그리고 숲

내가 희망처럼 사랑하였으나 늘 손짓만 하며 태연하게 푸르러지기만 하던 숲, 아직 시간이 많은 줄만 알았다. 나도 태연한 척 너를 바라만 보다가 가을이 왔다.

더는 감출 수 없던 절실한 그리움이 살아나 가을 숲으로 간다. 저 숲도 나를 그리워했을까 궁금했는데 그 도도했던 태연함은 흔적도 없고, 너는 오히려 자랑 같던 푸르름 다 지우고 거기 수줍게 혹은 요란하게 울긋불긋 고운 색깔을 모아들이고 있다.

생명의 진을 다 빼면서까지 보여 주고 싶은 네 절실한 그리움이 와락 나를 덮친다. 내가 확인하고 싶던 그리움이 이거였을까. 문득, 진짜 그리움은 궁금해하는 것이 아니라 그리움을 살아내는 것임을 알게 된다.

안타깝게도 이 고운 그리움을 나누기엔 남은 가을이 너무 짧다,

눈, 빌어먹을 그리움

표현하지 못한 마음이 있다.

하늘이 먹먹해진다. 먹먹해진 하늘이 그리움을 불러낸다. 먹먹해진 하늘에서 그리운 사람들이 눈처럼 내려온다. 눈송이들이 절절하게 그리움을 실어 나른다. 지금이 아니면 기회는 오지 않을 것처럼 절절하게 올라타는 그리움을 정처 없이 실어 나른다.

그것들이 어디 숨어 있었을까.

사라진 것 같지만 반드시 찾아오고야 마는, 그래서 약속하지 않은 시간에 추운 겨울을 향해 방문을 열어놓는 그리움. 눈이 그리움을 실어 나르며 뿌려댄다. 사방에 나를 뿌리고 그대를 뿌린다. 하지만 세상은 나와 그대를 그다지 오래 기다리지 않는다. 바람에 휘날리다 만나도 바람에 스쳐 가고, 온전히 만나 순백의 결정으로 남았다가도 오래 버티지도 못할 그리움.

훌쩍 이별하듯 녹아 사라져버릴 그리움.

반드시 이별해야 하는 그리움. 하지만 빌어먹을 심장. 정에 약해서 다시 찾아오고야 마는 그리움.

그리움은 때를 불문하고

백년이 넘은 느티나무라고 늙은 마음만 있는 게 아니다. 한 달, 한 살, 열 살의 마음도 같이 있다. 늘 새로 이파리가 자라듯 어리거나 젊은 마음이 같이 있다. 그러니 나무는 나이 드는 것 같아도 늙기만 하는 게 아니라 다시 새로 태어나는 때 있다.

사람도 마찬가지여서 나이 든 사람에서도 새로 나는 것들이 종종 있고, 때가 되면 그것들이 사춘기에 이르고 혈기왕성한 스무 살 청년이 되어 그 시절을 그냥 놓치고 싶지 않을 때 있다.

하여 수시로 누군가 그리울 때 있다. 가을처럼 나이가 들었어도 때를 불문하고 사랑하듯 사람이 그리울 때 있다. 예쁘게 차려입고 나들이하고 싶을 때 있다.

그 마음을 아는지 그리움이 곱게 단풍 들기 시작하여 90이 된 어머니의 마음 안에서 꽃다운 나이의 소녀가 알록달록한 예쁜 옷을 입고 나들이 하고 싶을 때 있었다.

사랑이 비처럼

비처럼 오겠거니
나를 살리는 것은 비처럼 오겠거니
한 자리에 서서 기다린다.
때론 푸르디푸른 기대로
때론 붉디붉은 아픔으로
오래오래 기다리다 결국
서로 어긋나 길 잃은 듯 보여도
꼭 비처럼 찾아와 날 살리겠거니
굳은 믿음으로 꿈을 꾼다.
나도 모를 길에서
정말 나를 불러 다시 돌아오는 길 찾아
날 살리는 꿈을 꾼다.
날 어떻게 살려 갈까
꿈을 꾸는데 밀물처럼 밀려오는 시를 만난다.

발의 수고

외롭다고 여기저기 돌아다녀 보지만
마음에 드는 건 다 멀리 있다
바닥 맨 끝에 있는 발이 그 마음을 헤아려
여기저기 순례하는 수고를 마다하지 않는다
발은 제 그리움은 그냥 제쳐두고 오로지
저 외로운 마음에 봉사하기로 했다
위에서 시작한 외로움도 집착이겠지
저 외로움에 끌려 세상을 만나느라 바쁜 마음은
눈을 가린 채 어디를 가는지도 모르게
계속 걸어야만 하는 발의 외로움은 모를 것이다
제 그리움 잊었다고 외로울 때 없는 게 아니고
기꺼이 봉사하기로 했다고 늘 행복한 건 아닐 터인데
그 중에도 가장 외로운 건
마음이 저 발을 만나주지 못하는 것,
바닥으로 내려와 몸을 지탱한 발
마음에 봉사하기로 한 저 발을 만나지 않는 일이다.
늘 허공만 바라보느라 마음이 아래를 보지 않는 것이다.

외로운 솟대

아무도 눈을 주지 않는데 바람 부는 들판에 솟대가 서 있다. 자신을 세워놓은 이의 정성과 그 정성을 사랑한 약속을 기억하여 솟대가 외롭게 서 있다. 정성과 사랑이 만난 약속을 지키는 일은 외로움도 마다하지 않는 일.

누군가의 평안과 복을 기원하려면 엄숙하고 외롭게 있어야 하는 것이구나. 누군가를 진정 사랑하려면 외로워지기로 작정해야 하는 것이구나. 그의 솟대가 되어야 하는 것이구나.

나도 하나둘 사랑하는 사람이 생기면서 외로워도 좋다고 생각할 때가 있다. 더 멀리 살피라고 그 외로움을 마다 않는 새 한 마리 내 머리에 앉히고 솟대가 되겠다고 마음먹으니 차마 내가 알아차리지 못한 솟대가 생각났다.

죽을 때까지 나를 사랑하느라 외로웠을 솟대. 어머니 아버지. 사랑하는 사람들의 역사가 그렇게 이어지고 있었다.

양심과 부끄러움

투명한 양심처럼 유리 탁자가 놓여있다. 위에든 아래에든 거기 놓인 것은 하나도 숨기지 않는다. 작은 화분이 놓이면 그대로 작은 화분을 보여 주고, 거기 떨어진 사소한 먼지조차 부끄러운 듯 숨길 줄 모른다. 꽃이든 먼지든 하나도 숨김없이 보여 주는 투명한 정직함.

그 정직함을 위해 투명하게 닦고 또 닦아보지만, 난 저 숨김없는 정직함을 사랑이라 할 수 없다. 사랑을 가득 담은 찻잔을 내놓아도 찻잔만 보여줄 뿐 찻잔에 담아놓은 정성을 느끼지도 전달하지도 못하고, 아름다운 꽃이 핀 화분이 놓여 있어도 꽃을 피우는 화분 속 흙의 내밀한 사랑을 전하지 못한다. 저 투명한 탁자는 꽃을 피워본 적이 없고 차에 담긴 정성과 사랑을 느껴본 적이 없다.

탁자 위에 있는 것들의 내밀한 사랑과 가슴 떨리는 사랑은 다 빼면서, 제 안에 놓인 사소한 먼지 하나도 놓치지 않는 저 기계적인 투명함은 정직도 양심도 아니다. 내가 깨끗하게 닦고 닦아내는 마음이 살아있는 것들을 연결해주지 못하는 부끄러움일 뿐이다. 꽃을 피우고 향기를 전하는 건 저 화분의 불투명한 흙과 차의 따뜻한 온기, 살아있는 것들을 연결하는 보이지 않는 마음이다.

비, 그리고 그리움

시를 읽는데 시 속에서 비가 내리고 있다. 시인이 붙잡지 않았으면 영영 그저 어디론가 흘러가 버렸을 비가 시인의 마음을 사로잡아 그리움이 되어 내리고 있다.

그 비가 내 마음을 붙잡아 이제 내가 비가 되어 내린다. 누군가의 마음에 사로잡히려 비로 내려와 세상을 기웃거린다. 사람 사는 거리를 헤매다 보면 이 그리움도 더러워지고 추해질 것이겠지만, 지나며 더러워지는 일이 세상 맑게 씻어내는 일임을 믿어 비가 되어 내린다. 그리움이 씻어낸 맑고 깨끗한 세상, 그 세상으로 걸어올 그리운 이 꿈꾸며 비가 되어 내린다.

그리움이 믿음이 되고, 믿음이 꿈이 될 때 버려진 내 그리움도 같이 읽혀질까? 그리움이 비처럼 쏟아져 지나고 나면 마음이 맑아진다. 사람들이 세상을 더 잘 보게 된다.

그리움에 잠이 깨다

깊은 밤, 조심조심 아기 재우듯 잠 못 드는 그리움 잠재우는데, 바람 소리에 놀라 그만 그리움이 잠을 깨워버렸어요.

바람이 무심하기도 하지. 불평이라도 할 양으로 마당으로 나섰는데 뒷산 숲으로 달려가는 바람을 보았지요. 내 그리움이 얼른 쫓아 달려갔어요. 캄캄해서 아무도 볼 수 없었어요.

아침에 다시 그 길을 달려가 보니 그리움이 쫓아간 자리에 단풍이 곱게 물들어 있었어요. 그 바람이 당신이었던가요?

5부

프란치스코의 평화

프란치스코의 평화

상대가 나를 평안케 해서가 아니라
먼저 상대를 평안케 해서 찾아오는 평화
내가 조건을 요구하는 평화가 아니라
나를 먼저 여건을 만들어주는 평화
힘으로 상대를 바꿔서 얻어내는 평화가 아니라
내가 바뀌어서 나를 존중하고 싶게 만드는 평화.

아기 예수의 기도

키울 걱정과 두려움으로 부모가 아기를 버리는 어두운 세상,
아기 예수가 가난하고 누추한 곳으로 오며 기도합니다
추위와 두려움 속에서 자기를 맞이하는 엄마 아빠에게
자신이 기쁜 선물이 되게 해달라고 기도합니다.
아직은 힘없고 약해서 보호받아야 할 자신이
그들을 힘들게 하는 짐이 되지 않게
아기인 자기를 돌보고 키울 자신이 없다고
자기를 버리는 일이 없게 해달라고 기도합니다.
자기가 누울 곳이 아무리 가난하고 누추한 곳이어도
자기를 소중히 지키며 살리느라 수고하는 일이
엄마 아빠를 살리는 꿈과 힘과 양식이 되고
자기가 튼튼하게 자라는 일이 엄마 아빠에게
세상을 이기는 선물이 되게 해달라고 기도합니다.
그렇게 기도하면서 아기 예수가 세상에 올 준비를 합니다.
그 기도를 듣는 이들이 아기 예수를 맞이하려고,
아기 예수를 눕힐 자리 만들어 두 손 모아 기다립니다.
걱정 말고 어서 오라고
아기와 엄마 아빠를 보호하겠노라 기도하며 기다립니다.

성지(聖枝) 주일에[6)]

벚꽃이 활짝 피었다. 저 벚꽃은 코로나19로부터의 해방을 기대하며 봄을 기다린 군중들의 소망, 혹은 예수의 예루살렘 입성을 환영하는 백성들의 기대에 찬 환호 같은 것.

하지만 예수는 저 환호가 찬바람을 맞을 줄 알았을 것이다. 통제하고 지배하는 데 익숙한 율법학자들의 완고하고 배타적인 율법주의와 수완에 휘둘려 저 환호가 예수를 죽이라는 야유로 변할 줄 알았을 것이다.

그래서 벚꽃도 세상의 우울한 표정과 엄격한 통제 앞에서 저 반가운 환호를 접어야 되는 줄 안다. 지켜내지 못할 섣부른 환호를 회개해야 하는 줄 알아 꽃을 피우자 마자 목숨을 던지듯 용서를 구하며 꽃잎들을 훌훌 털어낸다.

거기 푸른 싹들이 자라기 시작해서야 벚나무는 세상에 진짜 봄이 오는 줄을 안다. 진짜 봄은 화려한 환호에 화들짝 완성되는 게 아님을 안다. 진정한 부활도 잠깐 꽃을 피우는 일이 아니라 계속 푸르름으로

---

6) 성지주일(Palm Sunday), 주님 수난 성지주일, 또는 종려주일이라고도 함. 이날은 그리스도교에서, 예수가 십자가형을 앞두고 예루살렘으로 입성할 때, 군중들의 환영을 받은 일을 기념하는 날을 말한다. 가톨릭에서는 매년 부활절 일주일을 앞둔 일요일로, 이 날부터 7일간은 성(聖)주간으로 그리스도의 고난을 기념하는 고난주간으로 지낸다.

자라는 일임을 안다.

나도 벚꽃 지듯 환절기 같은 변덕을 회개하고, 벚꽃처럼 나를 던진 후에 찾아올 부활을 기다려본다.

사순시기의 믿음

그만 포기하려다 조금만 더 기다려보기로 한다. 승부를 뒤집기엔 너무 뻔한 결과가 예상되는 경기에서도 차라리 그만 시청하는 게 낫겠다 싶지만 내가 사랑한 팀의 역전을 기대하며 선수들의 간절함이 만들어내는 세상을 끝까지 기다려볼 때 있지 않은가. 아니면, 더 이상 가망 없다는 의사의 말에 마지막 희망을 접으려다가도 포기할 수 없어 더 절실하게 그 생명의 끈을 놓지 않고 끝까지 기적을 기다릴 때 있지 않은가. 많은 사람들이 확실한 절망으로 경험했을 일들에 대해 그런 기대와 기다림은 황당한 미련에 불과할 때 있다. 하지만 그 기대와 기다림을 확실한 체험으로 되살려내는 사람들의 믿음이 있어 그 불확실한 약속을 절대적으로 믿고 기다려보기로 한다.

수많은 실망 속에서도 시원하게 포기하지 못하는 저 미련하고도 끈적끈적한 믿음을 이어가 보기로 한다. 회당장 야이로의 딸의 병이 낫고,[7] 죽은 나자로가 살아나고, 소경이 눈을 뜨고, 나병환자가 나으며, 예수의 부활을 목격하게 했던 포기하지 않은 간절한 믿음의 미련을 이어가 보기로 한다. 포기한 사람은 누릴 수 없는 경험, 뻔한 것을 믿기보다 뻔하지 않은 것을 믿는 우직함이 새로운 세상을 만나게 한다. 많은 사람들이 버린 불확실한 약속, 약속 없는 희망, 여러 번 그 믿음에 속고 그 믿음 같이 버리다가 그것을 모아 주린 배를 채우고 몸에

7) (마르코 5, 21~43).

옷을 입히기로 한다. 그 믿음의 조각들이 모여 알록달록 특별한 옷이 만들어진다. 그게 어디 누구 한 사람만의 것으로만 만들어졌겠는가. 버려졌으나 찬찬히 살펴보면 한 번쯤 제 것이었을 것들. 그것들이 모여 한 번도 제대로 제 것이지 못했던 옷을 입는다.

그러니 새로운 세상 만나는 일의 시작은 마지막으로 포기하려던 순간에 더 기다려보는 일이다. 포기하고 쉽게 버렸던 것들을 모아 기워보는 일이다. 우리가 보내는 사순절의 시기는 바로 이때. 믿음에 절망하고 포기하고 싶은 좌절과 유혹에 빠지다가도 아직 체험하지 못한 불확실한 부활의 약속을 믿기로 하는 때. 그것으로 마지막 절망을 넘는 때. 그래서 그만 포기하려다 다시, 조금만 더 기다려보기로 한다. 불확실한 약속 앞에서 십자가 수난과 죽음의 은총을 믿어보기로 한다.

봄꽃과 부활

올해는 벚꽃이 참 오래 간다. 그런데 차마 저 꽃을 즐기지 못했다. 삭막한 바이러스에 감염된 사회. 슬픔을 만난 이웃을 생각하느라 차마 꽃이 아름답다 떠들지 못했다. 헐벗은 산의 진달래, 삭막한 들판의 벚꽃, 어둠을 이기고 밝은 세상 왔다고 왁자하게 핀 꽃들을 떠들썩 환영하는 꽃나들이도 하지 못했다. 어디 봄꽃들이 겨울을 이겨낸다고 꽃을 꽃피웠을까, 매화며 벚꽃이며 진달래며 목련들이 무슨 남다른 희망이 있어 서둘러 꽃을 피웠을까. 그냥 때 되어 꽃을 피운 것이고, 그냥 주어진 삶을 따라 피었을 뿐이다.

하지만 주어진 삶을 그렇게 살아내는 그들에게서 우린 희망을 보고 꿈을 꾸고 부활을 본다. 언 땅 차가운 공기를 녹이는 따뜻함을 느끼고, 진짜 자란다는 게 어떤 것인지를 본다. 그러면서 절망을 이겨내는 사람을 기억하고, 바이러스 같은 것에 감염되어 죽어가던 삶이 희망을 꿈꾸며 꿈틀거리기 시작한다.

그렇게 사람들이 살아나고, 그들에게서 또다시 우리는 봄꽃을 본다. 저 봄꽃처럼 미리 예정되었던 것일지도 모를 예수의 수난과 부활을 기억하면서, 생명을 죽였던 나를 돌아보고 생명을 살리는 나를 일깨운다. 내가 봄꽃처럼 핀다. 삭막한 바이러스를 이기고 세상이 살아있게 된다.

대림(待臨) 묵상

어릴 적 장학관이 학교를 방문하면 선생님들은 아이들에게 교실 대청소를 시키곤 했습니다. 아이들이 많이 드나드는 곳은 물론, 구석구석 들여다보지 않으면 잘 보이지 않는 곳에 쌓인 먼지와 찌든 때도 닦아냅니다. 바깥은 영하의 날씨. 안쪽은 적절하게 따뜻한 온도. 안과 밖이 다르지 않게 보이려 창문도 맑게 닦아냅니다. 선생님이 청소 상태를 검사하고 흡족해서 귀가(歸家)를 허락합니다.

옷에 먼지가 묻었지만, 집에 가게 되어 기분이 좋습니다. 장학관의 방문으로 며칠 학교가 깨끗해지는 거 말고 무슨 좋은 일이 있었는지는 모릅니다. 지금 아이들은 모릅니다. 이 습관이 남아 대림절이면 으레 알아서 먼저 성당도 집안도 마음도 청소해야 하는 줄 압니다.

가난하고 누추하고 소외된 곳으로 오신다는 주님께서 설마 나의 청소 상태를 점검하러 일부러 후미지고 어둡고 추운 곳으로 오시는 것은 아니었겠지만, 그래도 어렸을 때의 습관이 그런 곳을 먼저 살펴 보아야 되는 줄 압니다.

사순절 기도

사순절 기간에만 내게 찾아오는 유혹과 욕망과 괴로움을 잘 절제하고 이겨내겠다고 결심하지 말라. 사순시기가 끝나면 다시 즐길 수 있다는 기대로 인내하며 기도하지도 말라. 그것은 예수의 수난과 부활을 자신의 욕망과 거래하는 것, 예수는 당신의 욕망을 위해 죽은 것도 아니고, 당신의 욕망을 위해 다시 살아난 것도 아니다.

그러니 당신이 다시 즐기고 즐거워지는 시간을 위해 예수의 수난을 아파하지 마라. 살리기 위해서 나를 절제하고, 살리기 위해서 나를 죽이고, 살리기 위해서 견디는 마음을 내 안에 계속 살아 있게 하기 위해 기도해야 한다. 그래서 내가 다시 살아나는 시간을 위해 기도하는 거다. 내가 행복해져서 감사하기 위해 기도하는 거다.

나와 함께 시소를 타는 하느님

나는 삶의 놀이터에서 시소를 타고 싶어 합니다. 하느님께서 내 놀이 상대가 되어주시려고 맞은편에 앉아 나와 균형을 맞추고 계십니다. 내가 무거우면 내게서 멀리 떨어져 앉고 내가 가벼우면 내게 가까이 다가와 앉습니다. 재미있어서 나를 더 무겁게 해봅니다. 한참을 그렇게 하다 보니 내가 점점 무거워져서 하느님의 얼굴이 잘 보이지 않습니다. 하지만 내가 무거워져도 충분히 시소의 균형이 잡히는구나, 생각이 들어 나를 더욱 무겁게 합니다.

하느님이 내 균형을 잡아준다는 사실을 잊어버립니다. 그러다 점점 맞은편에 아무도 보이지 않고 혼자서 오르락내리락하는 것 같아 무서워집니다. 문득 내 앞에 앉아 나를 바라보던 하느님을 생각합니다. 보이지 않는 나를 걱정하며 멀리서 나처럼 하느님이 외롭게 앉아 계실 거라는 생각이 듭니다. 아니 정말 거기 하느님이 그대로 계신지 궁금해집니다. 확인하고 싶어집니다.

확인하기 위해서 내가 가벼워져야 합니다. 내가 무거워진 만큼 나를 무겁게 만든 것들을 다 버려야 합니다. 내게서 하느님을 멀리 쫓아내던 것들이 하느님을 외롭게 하고, 가슴 아프게 하던 것들이 나를 무겁게 하던 것들이었습니다. 나를 보고 환히 웃으며 다가올 하느님을 보기 위해 내가 가벼워지고 또 가벼워져야 합니다.

성체

동물이 배설한 것을 먹고 자란 풀을 다시 동물이 먹는다. 그 동물을 다른 동물이 잡아 먹는다. 그 동물을 잡아먹은 동물이 배설한 것은 다시 풀이 자라는 양식이 되고, 풀은 다른 살아있는 것들의 양식이 된다. 사람이 그 동물을 먹고 그 풀을 먹는다. 사람의 똥이 다시 풀을 키운다. 모두가 살아있는 것들의 몸속에서 죽고 썩었다가 다시 살아있는 것들의 양식이 된다.

모두가 서로를 살리기 위해 산다. 살아있는 것들이 아무리 추하고 보잘것없고 아무리 잔인하고 미워도 그들의 몸은 서로를 살리기 위해 살고 살리기 위해 죽는다. 내가 무슨 짓을 하든 내가 어떻게 살아가든 내가 먹은 것을 무엇인가의 양식이 되게 하는 몸. 죄인을 불러 사람으로 살리는 예수님처럼, 스스로 죽어 다른 사람을 살리는 예수님처럼, 내 몸은 누군가를 살리는 거룩한 몸이 된다.

그러니 살아있는 것들의 몸은 모두 거룩하다. 살아있는 것들이 배출한 모든 추한 것들을 다 받아 생명을 살리는 양식으로 변화시키는 땅과 그 변화를 돕는 바람과 물과 공기와 구름도 다. 다른 생명을 살리기 위해 자신을 살리고 스스로 죽는 몸들. 모두가 다 거룩한 몸, 성체, 살아있는 빵이다.

이 우주와 자연과 살아있는 모든 것들이 하나의 거룩한 성체이고, 죄인을 불러 정화시키는 예수님이다. 더러운 오물을 받아 꽃을 피우고 생명을 살리는 땅님, 내가 무슨 생각을 하든 나를 살리며 다른 생명을 살리는 거름을 내는 몸님, 모두가 다 하나의 예수님이다. 생명을 살리기 위해 십자가를 지고 가는 수난의 예수님이다.

그 거룩한 몸을 누가 탐하고 욕보이는가? 누가 함부로 다루는가? 죽었다가 살아있는 것들 안에서 다시 부활하게 되는 몸. 죽고 썩는 것이 죽음이 아닌 부활이 되고 자유가 되고 죽음이 죽음이 아닌 영생으로 이어가는 그 몸을 무엇이 더럽히고 무엇이 괴롭히는가? 무엇이 예수님, 거룩한 성체를 욕보이는가?

내가 주님의 무덤

해마다 나를 살리기 위해 내 안에 들어와 죽으시는 예수님. 내 안에서 부활하기 위해 기꺼이 내 안에서 언제고 죽으시는 예수님. 내가 나의 죄를 알게 될 때까지 온갖 모욕과 수난과 무시를 참아 견디면서도 내 마음 밭을 평평하게 고르시는 예수님.

온갖 가시나무와 덤불을 걷어내며 온갖 모욕과 수난과 무시를 참아 견디고 이겨내는 예수님. 자갈밭을 갈아 고르듯 내 안에서 살고 죽기를 여러 번, 내 마음밭을 다지시는 예수님. 내가 죽는 때를 알아, 내 안에서 죽어 있다가 내가 회개할 때마다 부활의 기쁨을 주기 위해 다시 살아나며 나를 살리시는 예수님.

내가 주님의 무덤이고 주님이 저의 무덤입니다. 덕분에 제가 다시 살아납니다. 제가 죽으면서도 희망을 봅니다.

믿으면서 느껴지는 것

"누구든지 나를 사랑하면 내 말을 지킬 것이다.
그러면 내 아버지께서 그를 사랑하시고, 우리가 그에게 가서 그와 함께 살 것이다."(요한. 14. 23)

당신은 나를 사랑한다고 해놓고 내게 모습을 보여준 적이 없어요. 직접 내게 나를 사랑한다고 말해준 적도 없어요. 그저 다른 사람을 통해서만 나를 사랑한다는 소식을 전해 오지요.

당신의 말을 전하는 사람들에게 한 번도 직접 찾아온 적이 없는 당신을 어떻게 믿냐고 투덜거리면 그들은 당신을 사랑하고 사랑을 받아봐서 안다고 한다. 그러니 당신의 사랑을 의심하지 말라고 한다.

당신을 아는 사람은 왜 그리 많은지. 얼마나 그들과 친하길래 그리들 당신을 잘 안다고 확인해주는지. 다른 사람은 그리 자주 본다는데 왜 내게는 한 번도 얼굴을 보여 주지 않는지. 그런 내밀한 사랑을 왜 그리 떠벌리고 다니는지. 그런 당신을 내가 어찌 믿고 사랑할까. 외면하고 싶다가도 자주 듣다 보니 정말 내가 당신에게 사랑받는 줄 안다.

그래서 그리 믿고 나도 그리 전해 본다. 나도 당신이 말하는 사랑을 해 본다. 언제부턴가 마음속에 당신이 자리 잡는다. 사랑은 믿고 행하면서 알게 되는 거였다.

용서 묵상

나는 풀, 너는 나무
나무가 더 많은 햇살 가지고
더 많은 물길 차지한다고
나무를 미워하지 마십시오.
"의로운 사람에게나 의롭지 못한 사람에게나
똑같이 비를 내려주시는"(마태, 5, 44-48) 분이
공정하지 못하다고 원망하지 마십시오.
그분은 모두를 똑같이 용서하시는 분,
모든 생명은 자기에게 주어진 몫을 살아가는 것이니
자기에게 주어진 몫을 살아가는 생명이
나의 몫을 방해한다고 미워하지 마십시오.
왜 서로의 몫을 다르게 배정했냐고 불평하십시오
그분은 몫을 배정하시는 분이 아니라
각자의 몫을 잘 살아내도록 도와주시는 분.
자기에게 주어진 몫을 살아가는 모든 생명을 사랑하고
그 생명들이 자신의 몫을 충만하게 살아가길 원하시니,
내가 사랑받듯이
다른 생명도 사랑받아야 하고
내가 용서받듯이
다른 생명도 용서받아야 함을 알아야 합니다.

우리의 용서는
상대가 나를 평안케 해서 이루어지는 것이 아니라
상대를 평안케 함으로써 내가 평안해지는 것,
상대의 삶을 인정하고 받아들임으로써
내 삶을 인정받는 일입니다.
우리의 진정한 용서는
상대가 화해할 준비를 기다리는 것이 아니라 먼저
하느님이 그에게 베푸는 용서를 받아들이고
다른 사람이 그에게 베푸는 용서를 받아들이는 일입니다.
그러므로 그대가
스스로 용서를 베풀 수 없는 장애물이 되지 않게 하고
하느님이 상대방을 용서하는데
그대 자신이 장애가 되지 않게 해야 합니다.
용서가
자신의 아픔을 감내하는 고통이나 희생이 아니라
자신을 해방시켜주는 자유로움이 되게 해야 합니다.
갈등으로 인한 실패와 좌절로 마음을 닫아두기보다
아픔이 멈출 때까지
사랑하고 용서함으로써
세상과 사람들을 더 잘 바라보고 사랑할 수 있게
갈등과 상처에 마음을 열어두어야 합니다.
갈등은 서로가 자신의 영역을 주장하는 데서 오고
남의 삶보다 제 삶의 몫을 주장하는 데서 오는 것이니
상대에게 있는 갈등의 원인보다
내게 있는 갈등의 원인을 먼저 보아야 합니다.

따라서 사람을 이해한다는 것은
나의 문제가 무엇인지를 알고,
나를 더 잘 이해하는 일입니다.
남을 성가시게 하는 나의 것들을 버리고 변화시켜
용서의 폭을 넓혀주는 일입니다.
변화하기 위해서는
포기하는 일과 받아들이는 일 모두가 필요합니다.
나의 것을 포기하고
타인의 것을 받아들이는 일,
내 삶의 질을 떨어뜨리는 것을 버리고
삶의 질을 향상시켜주는 것을 받아들이는 일입니다.
왜 나만 변화해야 하는가 질문하지 마십시오.
진정한 사랑에 조건이 없듯이
진정한 용서는 조건이 없습니다.
하느님께서는 이미 그들을 용서하셨고
우리는 하느님의 용서를 받아들이면 그만입니다.
상대방이 용서하면 나도 그를 용서하겠다고 하면
우리는 다른 사람과 다를 게 없습니다.
용서는 그러한 자신을 용서하는 것입니다.
자신의 닫힌 마음을 여는 일입니다.
먼저 상대가 자신을 용서할 수 있는 기회를 만드는 일입니다.
세상은 내가 없으면 나와는 아무런 상관이 없습니다.
내가 변하지 않으면 내 삶의 조건은 변하지 않습니다.
용서는 내 것을 버리는 일입니다.
현재의 내 처지가 문제가 된다면

이제까지의 내 삶이 문제가 되었다면
그러한 삶의 방식,
그러한 처지를 만든 내 마음과 정신,
행동을 바꾸는 일입니다.
그리하여 새로운 삶을 만들어가는 일입니다.

성지주일을 보내며 소망하는 부활

오늘은 예수님을 "십자가에 못 박으시오"라며 외치고 돌아왔다. 율법학자들 같은 이들의 의도가 싫지만 그들의 요청을 받아 예수를 십자가에 못 박으라고 외치고 돌아왔다. 그들의 선동에 맞서는 것도 귀찮고, 맞서면 수습하기도 난처해서 모른 척했다. 그들이 계획하면 아무리 다른 얘기를 해도 듣지 않는 것을 잘 알았던 기억으로 오늘은 마음을 맞춰 그들에게 동조했다. 어차피 사전에 약속한 일이고 어차피 부활을 맞이할 터인데 어서 끝내고 돌아가자는 생각에 큰 소리로 십자가형에 처하라고 외치고 돌아왔다.

그런데 예수님의 부활로 이번엔 내가 어떻게 새로 태어날까? 귀찮아지는 게 싫어서, 나의 편함과 즐거움을 위해 예수님을 십자가에 못 박으라며 같이 예수를 죽인 내가 다시 새로 태어날 수 있을까? 형식적으로 옛날을 재현하면서 정말 내가 무지와 편견에서 깨어나 진실을 제대로 바라볼 수 있을까? 나는 옳고 남은 그르다며 남을 비방한 나의 죄를 벗을 수 있을까? 나는 빛이요 선이고 남은 어둠이요 악이라고 억지 주장을 하는 사람들에게 동조한 내가 예수의 부활로 내 잘못을 알아 용서를 청할 수 있을까?

그래서 이번 부활은 우리의 편견을 바로잡는 부활로 찾아오면 좋겠다. 자기가 빛이라고 주장하고 빛이 어둠을 이기는 부활이 아니라, 빛이 희생하여 어둠이 죄에서 해방되는 부활. 어둠은 더 이상 빛에서 쫓겨나야 할 죄가 아니라 빛과 더불어 우리 삶의 한 부분이 되게 하는 부활. 빛과 어둠의 이분법에 사로잡힌 우리를 해방시키는 부활로 찾아오면 좋겠다. 나만 살면 되는 부활, 나만 이기면 되는 부활이 아니라 서로를 살리는 부활. 어둠은 하느님이 배척한 세상이 아니라 하느님이 창조한 세상이고, 같이 있어 하느님의 선을 이루는 것임을 알게 하는 부활로 찾아오면 좋겠다.

살아있는 내가 예전과 똑같이 그대로 살아 있는 게 무슨 부활이랴. 빛은 우리를 활동하게 하는 사랑이고 어둠은 우리를 평안히 쉬게 하는 사랑인 것을. 빛과 어둠은 우리를 갈라놓는 천사와 악마가 아니라 우리를 제대로 살아있게 하는 온전한 사랑인데 매일 빛과 어둠을 대립시키는 생각을 버리지 못한다. 하느님이 창조한 세상에 영원한 죄악이 어디 있을까? 십자가 죽음으로 구원될 세상에 용서받지 못할 게 어디 있을까? 그 이분법은 예수님을 죽이라고 우리가 고집한 율법 아닌가?

이번에는 내 기준으로 남을 단죄하고 판단한 나의 잘못이 기쁘게 용서받는 부활로 찾아오면 좋겠다.

성지(聖地) 가꾸기

오늘은 내 안에 있는 성지를 찾아보기로 한다. 주님이 찾아와 말을 걸어왔으나 나의 사소한 욕망과 편함을 위해 내가 외면한 그분의 사랑과 희생과 정의, 나의 사소한 오만과 위선과 체면을 위해 내가 짓이겨버린 그분의 온유와 진실과 겸손, 그 박해와 수난의 흔적을 찾아보기로 한다.

그분을 알고 나서도 그분을 박해한 장소, 그분이 수난하고 죽으신 장소, 나를 살리겠다고 쫓아다니는데 차마 그분을 모른다고 외면해버린 내 안의 골고다 언덕을 순례해본다.

내가 돌아보지 않으면 그저 무의미한 일상의 황야로 남았을 곳. 그 곳을 성지로 가꿔보기로 한다. 세상의 가치와 유혹에 휘둘리며 살아가느라 외면하거나 박해했던 부끄러운 자리를 곱게 고쳐보기로 한다. 넓고 화려하고 장대하게 꾸미지 않아도 그저 소박하게 단장하기만 해도 의미가 커지는 튼튼하고 견고하게 자리할 성지로 가꿔보기로 한다.

일상의 사소한 욕심으로 희생되는 그분과, 고통과 희생과 죽음을 거름 삼아 그것을 이기고 부활하며 찾아오는 그분을 만나는 자리, 매일매일 순교와 부활이 살아 숨 쉬는 이 몸 이 마음 안에, 평생을 가꾸어도 완성되지 않을 곳이어도 살아있는 성지를 계속 가꿔보기로 한다.

여전히 가꾸어야 할 곳이 많지만 내가 살아갈 좋은 성지를 가꿔보기로 한다.

우리에게 틈을 달라는 하느님

하느님은 선하시고 사랑이시기 때문에 우리에게 강요하지 않으신다. 먼저 우리가 허락하지 않으면 멋대로 활동하지 않으신다. 그분의 사랑과 선하심이 우리 안으로 들어오지 못하게 할 때가 많다. 그분의 사랑이 빛처럼 우리에게 다가와도 우리가 틈 하나 없는 폐쇄된 공간 속에 숨어 있으면 들어올 수가 없다. 그분의 빛이 사방에서 우리를 포위해도 우리가 문을 열고 나서지 않는 한 그분은 들어올 수가 없다. 그분은 무력으로 들어오시는 분이 아니시기 때문이다.

그래서 종종 그분은 우리를 이용하신다. 그분을 대신해서 우리가 활동하게 하는 것이다. 인간의 힘은 인간의 힘으로 대응해야 하는 경우가 있기 때문이다. 그래서 그분은 우리에게 틈을 달라고 간청하신다. 우리가 작은 틈을 내기만 하면 안에 들어와 더 큰 일이 이루겠다고 하신다. 작은 힘만 보태주면 나머지는 그분이 알아서 해주시겠다고 부탁하신다. 나쁜 마음으로 고집을 부릴 때 종종 그런 생각이 난다.

부활절 아침에

사랑의 빛으로 불러 주신 당신을 제가 수시로 외면하고 핍박하여도, 제가 수시로 당신을 어둠 속에 가두는 죄인이어도, 슬퍼하시거나 노여워하기보다 오늘도 열심히 살았노라 저를 위로하시고 자비를 베푸시며 쉬게 하시는 당신,

아침이면 환한 빛으로 살아나시며 다시 시작하라고, 다시 사랑하라고, 아침마다 내 죄를 씻어 없애고 다시 살아나는 법을 보여주시는 당신,

그렇게 부활하시는 당신이 계시어 제가 늘 당신 부활의 은총과 축복 가득한 성전이 됩니다.

나도 피조물이 살아가는 땅

피조물이 살아가는 땅을 보면 내가 어떻게 살아야 하는지 안다. 개미는 땅 위로 걸어가고, 지렁이는 땅속으로 다닌다. 개미는 떼로 모여 다녀도 어느 누가 밟혀 죽는 일 없고, 땅속을 다녀도 살아있는 다른 생명을 밟아 죽이는 일이 없다. 각자 자기의 길이 있고 머물 곳이 있다. 누가 정해주거나 정해놓지 않아도 살아가는 것들이 제 장소를 찾아간다. 이 땅에서 자라는 생명들이 서로를 살리며 살아가고 있다.

땅을 비좁게 하는 건 땅이 아니라, 비좁다고 생각하는 내 마음이다. 계속 공간을 확장시켜 가는 나 자신이다. 아무리 비좁아도 마음을 오가는 것들이 자유롭게 다니면 마음은 자유로운 땅이다. 들어오는 것들이 알아서 제 길을 찾고 나가는 것들이 특별히 방해하지 않으면 누가 이 공간을 비좁다 하겠는가.

내가 피조물이 살아가는 땅이구나. 어느 하나를 내 욕심대로 살리려 거기 더불어 살아가는 다른 하나를 죽이는 일은 하지 말아야겠구나. 최대한 내가 받아 살아낸 것으로 피조물을 살려야겠구나. 가장 자연스러운 우주의 내 식탁에 올라와 누운 피조물처럼, 나도 누군가를 살리려 봉헌해야겠구나. 우리가 어떤 길을 어떻게 나야 할지 알려주시는구나. 초대하시는구나. 내 삶을 거쳐 지나가는 것들이 온전히 다른 피조물도 이용할 수 있게 해야 하겠구나.

예수님께서 성령을 보내심을 묵상합시다

초딩 시절 한밤중에 잠을 깰 때 어머니가 안 보이면, 이 밤에 어디서 무얼 하시나 방을 나가 둘러보곤 했다. 어머니는 어두운 부엌에서 촛불을 켜고 기도하고 계셨다. 예수님이나 성령에 대해서는 알지 못한 시절이었지만 어머니와 내 마음에 사랑이 오가는 건 알 수 있었다.

시간을 거슬러 할머니와 지내곤 하던 더 어린 시절, 깊은 밤 갑자기 종아리가 계속 아파 잠을 설치던 날 늙으신 할머니가 홀로 내 종아리를 밤새 주무르셨다. 할머니에게도 하느님은 생소하게 더 먼 존재셨겠으나, 당신 마음엔 온통 손주를 위한 기도로 꽉 차 있었으리라

어머니와 어머니의 어머니를 통해 살아 전해지는 사랑, 그 사랑이 나를 키워왔음을 안다. 누가 보내거나 부르지 않아도 이미 사랑의 왕래에 익숙한 마음이 본능처럼 찾아감을 안다. 그 사랑이 기도하게 하고 기도가 다시 사랑을 불러 모은다. 그 사랑이 성령을 보내심을 알고 성령이 사랑임을 안다.

그분들이 세상을 떠났어도 사랑의 성령을 이어가던 성령이 세상에 남아 그 사랑을 보내 이어가는 것이리.

은총이 가득하신 마리아님이라니

결혼도 하지 않은 때 아기를 잉태하여 비난을 받을 위험에 처했는데 은총이 가득하신 마리아님이라니. 따뜻한 방도 아닌 추운 마굿간에서 아기를 낳아야 했고 그 아기를 로마 병사들의 칼로부터 보호하려 노심초사해야 했는데 은총이 가득하신 마리아님이라니. 아무 잘못도 없는 아드님이 매를 맞고 십자가를 지고, 십자가에 못박혀 죽는 아들을 지켜봐야 했는데 은총이 가득하신 마리아님이라니. 예수님이 부활하여 승천하는 기쁨을 맛보았다 한들 그 기쁨의 시간에 비해 그동안의 아픔이 너무나 컸는데 은총이 가득하신 마리아님이라니. 돌아보면 세상에서 말하는 은총은 별로 누리시지 못한 것 같은데 은총이 가득하신 마리아님이라니. 사람들이 원하는 삶과는 거리가 먼 삶을 사신 것 같은데 은총이 가득하신 마리아님이라니….

세상의 은총과 하느님이 생각하는 은총이 다르다면, 평소에 우리가 하느님께 기도하며 구하는 은총은 무슨 은총인가? 마리아에게 주어진 은총처럼 아픔과 고통으로 가득한 그런 은총은 아니겠지. 세상의 비난과 조롱을 받아 이겨낼 수 있는 능력을 받으셨기에, 예수님을 세상의 위험으로부터 지켜낼 수 있는 의지의 능력을 받으셨기에, 그렇게 함으로써 예수님으로 드러나는 가치들이 세상에서 살아남을 수 있게 도와줄 수 있는 능력을 받으셨기에, 끝까지 절망하거나 실망하거나 포기하지 않는 강인한 사랑의 힘을 가지셨기에, 은총을 구하는 이들을 위해

하느님께 중개시키는 은혜를 받으셨기에, 그 모든 아픔과 고통과 슬픔이 사랑을 지키는 일임을 알아 견디셨기에, 다른 사람들과는 다른 그렇게 특별한 일들을 견딜 수 있었기에 은총이 가득하신 마리아님이겠지.

그러니 우리가 구하는 은총도 예수님을 잉태하고 낳고 지켜낼 수 있는 은총, 사랑을 품고 보호하고 지켜낼 수 있는 그런 은총이려니. 예수님의 일생을 받아들이고 지켜낼 수 있는 그런 은총이려니.

아기 예수님 오신 날

당신이 오시는 오늘은 내가 당신을 기다린 날이기보다 당신이 나를 절절하게 기다린 날. 아직은 어서 와서 지켜달라고 우는 아기, 그런 당신을 반기며 기뻐할 나를 어서 보고 싶어 당신이 기다려온 날. 당신을 처음 만났을 때의 약속처럼 당신이 오신다는 생각으로 슬픈 사람 생각하여 위로하고, 좌절을 희망으로 바꾸고 있을 나를 보고 싶어 찾아오는 날.

당신이 오셨다는 소식만으로 차마 버리지 못한 미움을 털어내는 나. 용서와 사랑의 마음을 불러내는 나. 그런 나를 보고 싶어 당신이 깊은 밤 아랑곳없이 나를 찾아오는 날. 그래서 가장 먼저 축하받아야 할 당신이 오히려 가장 먼저 나를 축복하는 날. 그런 당신을 맞이한 기쁨으로 내가 다시 당신을 더 잘 지켜내자고 결심하는 날.

그래서 작고 보잘것없는 내가 다시 강해지는 날
그래서 세상이 달라지는 날
내가 당신의 희망이 되고
당신이 나의 확실한 희망이 되는 날.

성탄 선물

"너희는 주의 길을 닦고 그의 길을 고르게 하여라. 모든 골짜기는 메워지고 높은 산과 작은 언덕은 눕혀져 굽은 길이 곧아지며 험한 길이 고르게 되는 날, 모든 사람이 하느님의 구원을 보리라."(이사야. 3. 4-6)

얘야, 예수 성탄 때마다 네가 받은 선물 기억나느냐
네가 기대하던 아기 예수님의 귀띔을 듣고
내가 만난 예수님을 흉내 내며 준비하던 선물
나는 상상하여 행복하고 너는 받아서 즐거웠었지
같이 뒹굴며 가지고 놀다가 아무 데나 버리면
네가 언젠가 찾을까 봐 잘 챙겨서 정리해주곤 했던 선물
이제는 노는 물이 달라 쓸모없다고 외면해버린 것들
가끔 꼰대처럼 나타나 가는 길 귀찮게 한다고 그것들
피해가느라 굽은 길 만들며 걸어가지 않으면 좋겠구나
그것들은 예수님 때문에 네가 바라고 내가 채웠던 이정표
가끔 가는 길이 낯설고 어디로 가야 할지 모르겠으면
네가 잊고 있던 선물들 기억하고 찾아보거라
너의 축하를 받았던 예수님이 반갑게 너를 맞이할 것이니.
거기서 만나는 마음으로 다시 네 길을 찾아보렴.

6부

민들레 홀씨

새해는 그저 오는 게 아니겠지요

새해는 그저 오는 게 아니겠지요. 시간이 흘러가다 만나게 되는 새해는 새해가 아니라 그저 익숙한 일상일 뿐이겠지요. 진짜 내가 원하고 생각하는 새해는 아니겠지요.

내가 원하는 진정한 나의 새해는 그저 아무렇게나 오는 게 아니라 내가 절실히 바라고 원해서 찾아오는 거겠지요. 어제의 갈등과 미움과 분노를 버리고 화해와 사랑과 온유함으로 시작하는 마음, 우울과 실패와 절망에서 벗어나 이제 무언가 새로운 일을 시작해보겠다는 결심, 나를 자유롭지 못하게 하는 것들로부터 벗어나 자유롭게 나아가겠다는 의지로 시작하는 발걸음이 새해를 불러오는 거겠지요. 더 많이 더 열심히 사랑할 사람을 찾아가는 이들에게 더 깊이 감사하고, 더 절실히 섬기려는 이들에게 새해가 가슴 설레게 찾아오는 거겠지요.

그래서 새해는 희망이고 꿈이고 의지이며 사랑, 그래서 새해는 그냥 흘러가는 시간의 한 지점이 아니라 더욱 소중하게 가꾸어가고 싶은 시간이겠지요. 이렇게 내가 새롭게 시작하고 싶은 새해, 내가 소중하고 절실하게 만들어가는 새해를 맞이해야겠어요.

새해를 계획하다

작년에 계획한 일은 잘 해냈을까 돌아보며 계획대로 이루어진 게 별로 없음을 알고는 지금 저 나무의 헐벗은 모습은 계획했던 것일까 궁금해진다. 설마 생각하지 못한 겨울을 만났다고 속상해서 다 버린 것은 아닐 것이다. 가지가 장애를 만나 그것을 피해 자라는 일도, 키우기 시작한 열매가 중간에 떨어지는 일도 본래 나무의 한 해 계획에는 없던 일일 것이다.

그러니까 굳이 나무의 새해 계획을 추측해보면 그저 잘 자라는 일만이 나무의 계획이었겠지. 아름드리 풍채 좋은 나무는 못되어도 그저 주어진 삶에 충실하는 게 계획이었을 거라 생각이 든다.

나도 이런저런 계획 다 집어치우고, 올 한 해 사람으로 사는 일에 더 충실해 보기로 한다.

새해는 나를 정비하는 날

새해 첫날은 나를 새로 정비하는 날. 묵은해에 더 정이 가는 마음을 기억하고, 열심히 달리며 수고한 나를 응원하며, 멀리 나와 같이 갈 사람들을 위해 나의 어디를 고쳐야 할지 살펴보고, 그분께 고쳐 달라고 나를 맡기는 날. 나의 소망과 그분의 돌봄이 잘 통해서 낡아진 내가 다시 새 사람이 되는 날.

이 기분 이 믿음이 늘 희망을 여는 밝은 햇살로 살아나고

아름다운 꽃으로 피어나길 빌어본다.

다시 새해를 시작하며

새로운 한 해가 주어집니다. 지내 온 시간이 마음에 안 들면 새로 시작하면 된다고, 지내 온 일이 마음에 들었다면 그걸 더 잘 나누는 길을 찾아보라고 격려하며 다시 한 해가 주어집니다.

그렇게 주는 마음을 잘 헤아려 정성으로 시작한다면 기대해도 좋겠지요. 생각과 방식과 다짐이 다르다고 공격하고 짓밟고 쓰러뜨리는 마음이 먼저 새해를 여는 단어가 아니면 좋겠습니다.

서로의 입장을 헤아리고 이해하는 마음으로 세상을 열어 나아가다 보면 앞이 더 환히 보이지 않겠습니까. 나와 그대와 우리가 바라는 세상에 더 가까이 가 있지 않겠습니까. 새해를 여는 마음은 늘 그런 마음으로 정성을 모으지 않았습니까. 그 정성으로 복되고 평안한 한 해 열어가자고 마음 모아 봅니다.

설날

새해가 오면 벌써 봄을 기다리는가. 봄은 기다리지 않아도 오고 애써 준비하지 않아도 온다. 오는 데 왜 이리 더디냐며 빨리 오라고 재촉하지 않아도 온다.

하지만 봄을 기다리는 이에게 더 중요한 건 그 봄이 온전하게 자신의 봄이 되는 일. 온전하게 자신의 봄이 되기 위하여

같이 살아가는 이웃들에게도 같이 온전하게 그들의 봄이 오는 일이다.

그래서 봄이 오는 건 거저 주어지는 은총이고, 봄을 자신의 봄으로 만드는 건 은총에 대한 우리의 경의(敬意)이고, 좋은 씨앗을 틔우겠다는 우리의 순종이고 약속이다.

그 마음을 다짐하고 격려하자고 설날이 온다. 튼실한 씨앗, 비옥한 덕담, 정성으로 준비하고 뿌려주라고 봄에 앞서 설날이 찾아오는 것이다.

입춘대길의 봄이 되기로 해요

아직은 영하의 추위. 우리의 봄은 멀리 지체되고 있으나 언젠가 올 거라니 기다려봐요. 언 땅을 풀어내는 뿌리처럼 부지런히 어둠 뚫어가며 우리의 봄을 준비해 봐요.

여전한 영하의 추위는 봄이 멀지 않아 더욱 초조해진 겨울의 사소한 방정일 뿐, 그 방정은 무시하기로 해요. 추위를 쫓아내기 위해서가 아니라 따뜻하게 품기 위해 달려오는 봄을 기다려보기로 해요.

달려와 떠들썩하게 새 세상 열어놓을 봄. 내가 입춘대길의 봄이 되기로 해요.

입춘

입춘은 생명의 길을 일깨워 주는 때. 길을 가다 멈췄던 나무에게 봄이 들어오며 다시 길을 계속 가라고 토닥인다. 허공 앞에서 길을 멈췄던 가지들은 어디에서 어떻게 다시 시작해야 할지 누가 말해주지 않아도 안다. 매번 공부하며 익혔던 몸이 자기가 멈춘 때를 기억하고 배우고 익힌 대로 제 봄길을 연다. 배우며 걸어온 길 어느 것 하나 잊어버리거나 버리는 일 없다.

사소한 길 사소한 움직임이 다 몸으로 익히는 순간이지 않았던가. 그렇게 배우고 익힌 생명에겐 살아온 길이 절대 헛될 수 없고, 살아갈 길이 절대 막막할 수 없다. 입춘이 나무에게 그것을 일깨운다. 다른 생명들이 그것을 보고 배운다.

정성으로 삶을 바라보고 꿈꾸게 하는 때. 이때가 진짜 한 해를 시작하는 때다. 멈춘 곳과 걸어온 길을 기억하여 더 잘 살아낼 준비를 시켜주는 때. 그래서 서둘러 희망이 커지기 시작하는 때. 길을 멈춘 빈 가지들이 다 희망이 되는 때. 휘어지고 부러진 나무도 희망이 되는 때. 입춘.

3월의 자비에 몸을 맡겨요

감기 바이러스가 추운 겨울 같은 거라면 이 겨울이 왜 이리 오래 가냐고, 한겨울 견뎌온 고통과 회개가 충분치 않냐고, 누그러지는 데 더딘 추위의 관대한 처분을 고대하느라 이제 더는 초조해하거나 우울해하지 말아요.

시간을 이길 수도 계절을 뛰어넘을 수도 없는 우리, 그저 삶의 과정에 그 시간이 있었으려니 해요. 그에겐 우리가 충분하다고 생각한다고 충분한 게 아닐 것이니 그냥 우리가 우리에게 충분하다고 말해주기로 해요.

그도 스스로 충분하다고 여겨 떠나갈 때가 올 것이니, 한겨울 충분히 견뎌낸 것만으로도 고생했다 자신을 위로하며 이제 그만 자비의 3월에 몸을 맡기기로 해요.

이 추위가 더했든 덜했든 모두에게 공평하게 필요한 만큼의 봄을 부르는 3월의 자비에 자신을 다 맡기기로 해요. 봄을 만난 몸이 자연스럽게 추위를 이겨내게 해요.

3월을 맞으며

달라진 건 없다.

바람이 조금 따뜻해졌다고는 하나 나무들은 여전히 헐벗고 들판은 여전히 황량하다. 내게도 달라진 건 없고 내가 기대할 것도 없다. 그런데 누가 먼저인지 모르게 달라진 세상을 기대하는 사람들이, 뭔가를 기다리는 것들이, 나를 물들여 나도 뭔가 기대해야 될 것 같게 한다. 아니, 같이 뭔가 기대하며 기다려진다. 물론 나무에 새 이파리 나고 꽃이 핀다고 내 것이 될 이유는 없다.

그런데 내 것이 아닌 것들이 내 것처럼 다가온다.

광복(光復)이 죽은 이들의 것이 될 수 없음에도, 죽음으로 찾아 자기들 것으로 물려주고 싶던 100년 전의 대한 독립만세 함성처럼, 내 것이 아닌 것 같은 봄의 기운이 함성처럼 찾아와 삶을 바꾸어 놓을 것 같다. 이처럼 나무가 푸르러진다고 내 것이 되는 게 아닌데도 결국엔 내가 즐기게 되는 것이어서 기다려지는 3월.

3월은 느끼는 사람이 먼저 불러내며 기다리는 때. 누군가의 해방이 나의 기쁨이라고 여겨지는 때. 누군가 시작한 일이 내 것도 될 거라고 여겨지는 때. 이리저리 짓이겨져 울퉁불퉁 지울 수 없게 꽁꽁 굳어버린 땅의 상처가 3월의 기운으로 평평해지는 때. 모두에게 오는 희망인데 내게만 오는 것 같아 앞으로 몇 번 찾아올 꽃샘추위도 잠깐의 장난에 불과할 뿐이라고 믿어지는 때. 모든 게 나를 위해 준비하는 것 같은 때. 모두에게 찾아오는데 나를 위해 오는 거라 믿어지는 때.

때가 되어 그냥 오는 것일 뿐이어도 내가 견뎌 이긴 것이라고 나를 축하해주고 싶어지는 때. 그러면서 나도 모르게 내가 변하는 때. 나도 다른 사람들에게 그런 기운을 전하게 되는 때.

벚꽃처럼 같이 피고 같이 지는

모여 있지 않고 따로 피어도 벚꽃이겠으나 따로 홀로 피어 있는 벚꽃은 생각할 수 없다. 벚꽃 하나 진다고 어디 벚꽃이 진다고 하겠으며 벚꽃 하나 핀다고 어디 벚꽃이 피었다고 할 수 있으랴. 같이 무리지어 피어야 핀다고 하고, 같이 무리지어 져야 진다고 말할 수 있는 벚꽃.

하여 벚꽃 몇 개 핀다고 세상이 환해지는 게 아니고 벚꽃 몇 개 진다고 세상이 우울해지는 게 아니다. 같이 모여 피어야 너는 새 세상을 여는 응원의 함성이 되고, 네가 같이 무리지어 질 때 우린 새 세상이 온전히 왔음을 안다. 같이 모여서 비로소 사람들의 사랑을 받는 꽃이 되는 너.

같이 모여 열렬하게 피고 절절하게 지는 네 곁에 있으면, 나도 같이 한 세상을 열고 완성하는 꽃이 되는 것 같아서, 내가 기다린 그리운 봄을 불러 손잡고 같이 피고 같이 지는 이 꽃들 세상을 같이 걷고 싶어진다.

벚꽃 아래서 평등

벚꽃이 사람들의 눈을 가득 채운다.
오늘은 무슨 일이 있었는지 다 잊고
그저 온 마음 온몸으로 벚꽃이 반기는 환대만 생각하자
많이 가졌거나 적게 가졌거나
화려하게 꾸몄거나 꾸미지 않았거나
똑같이 환대하는 그 마음만 생각하자
봄날을 만나본 지 오래된 너와 내게
평소에는 허락되지 않았을 화려한 사치를
차별 없이 누릴 수 있게 하는 호사(好事)에 감사하자
그러다 보면 너와 내게 벚꽃처럼 번져오는 기쁨
너와 내가 누구인지 묻거나 궁금해하지 않고
서로 누리고 싶은 대로
벚꽃 아래서 같이 반갑고 즐거워지는 평등한 연대
각자 살아온 세상을 잊게 하고
마음을 아름다운 하나로 모으는 혁명 같은 평등
작은 것들이 모여 커다란 꽃이 되고
같이 아름답고 선한 외침이 되는 평등
우린 서로에게 아름다운 꽃이었네.

벚꽃, 그리고 어머니

벚꽃이 진다
버리듯 진다
가장 화려했던 순간을 지우듯 진다
가장 자랑스러웠을 순간을 지우고
벚나무 아래 혹은 주위에
새롭게 자라나는
다른 풀, 다른 나무들처럼
같이 연둣빛 푸른 싹으로
평범하게 시작하려 한다
꽃 피우는 시절은 다 가고
꽃 피울 시절은 오지 않을 것이지만
다른 꽃들을 준비하는 것들을 배경으로
같이 푸르러지기 시작한다
오래 푸른 배경으로 있으려 한다
그러고 보면 결국 벚꽃이 기다린 건
먼저 꽃을 피우는 순간이 아니라
살아있는 것들이 같이 세상을 준비하는 봄,
그들에게 새 세상을 준비시키는 봄,
혼자 화려한 순간은 중요치 않아
가장 아름다운 시절 지우고

어머니가 되는 일이 그랬을까
아이들을 위해 어머니가 만드는 봄이 그랬을까
꽃들이 필 때마다
어머니는 꽃을 보며 흐뭇해하고
거기 푸른 배경으로만 남아도 좋았다.

봄날의 외침

겨울의 통제에 익숙한 것들에서
떠밀리듯 뛰어나오는 새싹들을 보라
겨울을 이기는 밥이 되어주겠다고
얼어붙은 땅을 깨며 솟아나는 새순들을 보라
몸을 던져 꽃길을 만들어주겠다고
봄 햇살에 떠밀리듯 터져 나오는 꽃들을 보라
저건 군림하거나 통제하기 위한 지배의 몸짓이 아니라
기쁘게 해방된 것들이 같이 살자는 생명의 몸짓
군림과 통제를 그만 멈추고 같이 자유로워지자는 외침
자유는 선택받은 이에게만 주어지는 게 아니라
똑같이 살아있는 모두에게 주어지는 것이라는 선포.
그러기에 저 외침, 저 몸짓은 전혀 위협적이지 않다
오히려 조용하고 부드러우며 아름답다
너와 나 우리들 안에서도
익숙한 통제와 군림을 멈추면 허락되는 은총을 보라
살아있는 것들의 몸속에서
그 은총이 꼼지락거리며 돌아다닌다
종종 광장에 모이는 사람들의 떠들썩한 외침도
남을 지배하고 군림하기 위해서가 아니라

진정으로 누군가를 살리기 위한 아우성이면 좋겠다
새싹처럼 생명이 살아나는 몸짓이면 좋겠다.

봄날의 유혹

봄날 오후 햇살이 따스하다. 창문이 굳게 닫힌 집안은 답답하다며 아이들은 창문을 열고 봄을 벗하러 나갔다. 겨울 동안 닫히는데 익숙한 창문에겐 텅 빈 방 안이 아직 낯설고, 난 여전히 아이들을 불러낸 봄날이 낯설다.

겨울을 견뎌온 사랑은 이제 구속일 뿐이라는 봄날의 유혹. 창문처럼 빈틈없이 겨울을 버텨오던 나무에도 꽃단장한 어린 것들이 자랑처럼 튀어나온다. 이건 보호받는 것들의 반란, 그러나 결코 무례하거나 오만하지 않은 차마 억누를 수 없는 부러운 반란. 봄이 되지 않으면 소중한 무엇을 잃어버릴 것 같아 함께 하지 않으면 안 될 것 같은 반란.

그래서 나무도 봄이 되어가고 있었다. 창문에 봄의 풍경이 담기고 있었다.

새싹, 부활의 소리

땅에서 싹이 돋는다. 빈 가지에도 돋는다. 여기저기 가지가 잘린 것들에도 돋아나고 싶은 마음이 부지런히 꿈틀거리며 온 사방에서 싹이 돋는다. 천성처럼 새로 돋는다.

새로 돋는 저 소리가 나무를 다시 자라게 한다. 나무를 멋있게 자라게 한다. 세상을 바꾸게 한다. 저건 누군가에게 희망이 되는 소리, 부지런히 돋는 소리가 세상을 꽉 채우고 있다. 믿든 안 믿든 저 모습은 이미 부활을 선포하는 소리다.

내 마음에 돋아나는 것들도 저와 같은 싹들이려니. 다시 새로 시작해보라는 소리다. 말로만 생각하는 부활이 아니라 진짜 달라진 모습으로 살아야겠다는 생각을 해본다.

오월의 빛

여왕처럼 사랑한 오월의 하루가 저물어간다. 세상을 바꿀 기세로 이어달리며 함성처럼 꽃들이 피고 지던 오월이 저물고 있다. 꽃을 피우지 않아도 자라는 모습만으로도 꽃이 되고, 들풀도 꽃이게 하는 오월. 바라보는 것만으로도 서로 사랑하게 되는 오월. 그래서 나도 같이 꽃이 되던 오월. 아무리 뽐내도 괜찮은 그 오월이 그의 들판을 떠나가고 있다.

그대와 나도 오월의 들꽃이었던가. 아직 거두어지지 않은 오월의 빛을 좇아 안타깝게 저물어가는 들판으로 달려간다. 가슴 설레게 하던 단어들을 불러내며 저 서러운 오월을 붙잡고자 하는데, 나의 벗 나의 연인이 되어 나를 가슴 설레는 꽃이게 하던 단어들도 같이 떠나고 있다. 찬란한 오월의 빛을 떠올리며 붙잡고 사랑하여도, 이제 꽃이 되는 설렘은 되살아나지 않는다. 아, 배반의 날들이여. 배반의 단어들이여. 꽃은 지고 나는 그저 어둑해진 들판의 풀로 남는다.

아, 그래도 괜찮으니 다시 오월을 좇아 저문 들판으로 달려온 내게 거두어가지 않은 오월의 빛을 마저 비춰다오. 어둠이 덮쳐 오월의 날이 가도, 나를 자라고 꽃이게 한 오월의 빛을 오래오래 붙잡아 기억하리니. 그 기억이 오월의 설렘만 못하고 오월의 빛처럼 찬란하지 못해도, 그때를 살아 꽃이 되던 때를 추억하며 오월이 아닌 나날을 오월로 가꾸어가리니. 오월은 가도 오월은 가슴 속에서 영원히 살아나고, 그 설레는 가슴 오래오래 기억하리니, 그러니 그대여 부르라 나는 마시리.[8)]

8) 김소월의 「님과 벗」의 마지막 구절에서 차용

나무가 사람에게 질문하다

봄이면, 이번엔 제대로 자라봐야지 결심할 때마다 온통 사지가 잘리는 나무가 묻는다.

나를 가까이 심어 두는 이유가 뭐예요?
나를 사랑해서예요?
나를 살리기 위해서예요?
형식과 체면을 위해서예요?
아니면?

나무들이 새로운 삶을 꿈꾸는 봄날, 사람이 사는 주변 나무들이 처참할 정도로 가지들이 잘려져 몸통만 남았다. 무슨 의무감이 저렇게 나무를 심고 잘라내고 할까? 새로운 성장을 꿈꾸는 시절에 왜 사람들의 마음이 무자비해질까? 효율성과 편리성과 수익성 때문일까?

봄은 사람들 마음에서만 희망이고 축복일 뿐, 사람들 바로 옆에 있는 나무들에게는 더 이상 축복이 아니다.

민들레 홀씨

민들레 가득하던 들판에 민들레 홀씨가 공중을 날아간다. 저 홀씨는 들판에 보잘것없는 꽃으로 피었었을 것이나, 같이 모여 우주를 품고 있었을 것이다. 우주를 품었다가, 그 무게를 의식 못 할 만큼 가벼워지다가, 참을 수 없는 가벼움을 느껴 그를 붙잡은 힘이 더 이상 힘쓸 틈도 없이 빅뱅처럼 홀씨들이 사방으로 퍼졌을 것이다. 우주를 품어보았기에 가는 곳이 다 제 것이고, 더 붙잡을 것 없어 가볍게 유영(遊泳)하며 세상을 보고, 나중에 어디선가 또 하나의 우주를 피울 것이다. 가벼워지지 않으면 갈 수 없는 곳에서.

봄이 여름에게

혹독한 시절을 뒤로 하고 자랑스럽게 발을 내디뎠다. 응원을 받으며 발 내딛는 곳마다 깃발처럼 일어서는 꽃길. 눈길 두는 곳마다 갈채처럼 돋아나는 초록. 그렇게 열심히 달려왔는데 걸음걸음 피어나던 꽃길이 달라지고 초록의 얼굴도 앳된 표정을 벗었다.

그래, 내가 기억하는 영광 접고 눈 딱 감고 그만 내어주자. 이제 네가 이어가 봐라. 내가 더 가도 되지만, 그만 멈추고 넘겨주자.

그 마음으로 봄이 여름으로 바뀌고 있다. 세상이 달라지고 있다.

꽃 피는 봄을 지나 꾸는 꿈

난 이미 꽃 피는 봄을 지난 들풀이거나 나무 혹은 꽃 없는 꽃. 그렇다고 꽃 피우는 걸 잊은 게 아니다. 부드러운 바람, 시원하게 내리는 비, 맑은 하늘을 만날 때마다 아무 때고 마음은 들썩들썩 꽃을 피우고 싶으나, 몸은 이미 꽃 피는 정원을 지나와 피워내는 꽃마다 푸르른 이파리로 변하는 이상한 마법의 시간에 가두어져 있어 아무도 귀 기울이지 않는 사랑처럼 그저 잎만 무성하게 키우고 있을 뿐이다.

그래도 난 이 푸르름을 멈출 수가 없다. 언젠가 꽃을 허락하지 않는 마법이 풀리면 내가 키운 푸르름, 내가 만나는 푸르름, 속수무책으로 자란 푸르름들이 어떤 모습, 어떤 꽃으로 필지 모를 일이기에 이 푸르름을 멈출 수가 없다.

꽃이 아닌 배경으로 남는 꿈이어도, 꽃을 진짜 아름다운 꽃이게 하는 꿈, 그 푸르름을 포기할 수가 없다.

개망초꽃

바람을 타고 날아온 작은 꽃씨 하나가 그리움처럼 마음밭에 자리 잡았습니다. 작은 꽃 하나 피우기 시작하더니 밭을 온통 하얀 꽃으로 가득 채웠습니다. 보기 참 좋은데 잘 가꿔온 밭을 다 망친다고 사람들이 개망초꽃이라 불렀습니다.

거침없이 자라고 살아내는 일이 사람들의 마음에 들지 않는 일이어서 이름부터 눈치 없는 죄인이 됩니다. 원죄를 안고 들판에 하얀 꽃밭이 됩니다. 회개의 눈물로 떼 지어 꽃을 피워도 여전히 마음에 들지 않는 죄인이 됩니다,

열심히 살아내는 일이 죄가 되는 개망초꽃으로 살아갑니다. 그게 안타까워 저 꽃을 사랑하지만, 보기 참 좋은 저 꽃은, 살아있는 동안은 계속해서 이 땅에 개망초꽃이라 불리고 있을 겁니다.

풀

벌레가 잎을 아무리 갉아 먹어도 그 뿌리를 내어주는 일은 없다. 누군가에게 아무리 밟히고 자라는 대로 짐승이 찾아와 뜯어 먹어도 제 생명을 다할 때까지는, 사람이 그 뿌리를 뽑을 때까지는 풀이 뿌리를 포기하는 일은 없다. 미안해야 할 이들이 미안할 일 없다는 듯 같은 짓을 반복해도 풀은 오히려 미안하게 살아갈 뿐이다.

그래도 꽃은 피워야 하지 않겠나. 꽃 피울 일 있으면 끝내 꽃을 피우지만 풀은 꽃을 피워도 미안하고 자라도 미안해서 기꺼이 밟히거나 누군가의 먹이가 된다. 내가 그렇게 생각한다.

그런데 아, 정말 '기꺼이'일까? 내 생각이 미안하다. 그래서 내 뿌리도 함부로 내어 줄 수 없구나.

바람이 분다

바람이 분다.

가지에 달린 나뭇잎이 흔들린다. 편안한 안식에 들어갔던 바닥의 나뭇잎도 들썩거린다. 한때 일생을 바람에 흔들렸을 이파리. 이제 그 흔들림을 잊고 싶은데 바람이 불면 여전히 들썩거리는 삶. 바람을 피해 낮게 숨었어도 흔들림을 멈출 수 없다. 삶이란 늘 불어오는 바람에 약했다.

하지만 바람이 불면,

저 바람에 흔들리는 모습이 아름다웠던 시절이 있다. 이파리들은 새로 났거나 오래되었거나, 살아 있어 흔들렸고 흔들려서 아름다웠고, 흔들려서 그리워할 수 있었다. 그리워서 꿈을 꿀 수 있었다. 바람이 불어 꿈이 있음을 알 수 있었다. 그 시간 그 자리에 함께했던 모든 것들이 다시 그리워진다.

다시 바람이 분다.

몸이 먼저 기억하여 그리운 사람, 그리운 시절, 그리운 꿈을 찾는다. 허무하고 무정한 겨울을 보내고 계절이 바뀌면, 다시 바람이 불고 몸이 들썩거린다. 아름다웠던 날의 흔들림을 기억한다. 때로 흔들려도 몸이 이렇게 꿈꾸고 그리워할 수 있으면 얼마나 좋은 세상, 얼마나 좋은 시간이겠니.

7부

나무가 말하길

능소화

능소화가 줄기를 뻗고 있다.

세상으로 부름을 받을 때에는 네 가는 길이 정해진 줄 알았겠지. 그냥 힘껏 그곳을 향해 가면 되는 줄 알았겠지. 그러다 보면 자신을 부른 분을 만나게 되는 줄 알았겠지.

그런데 차마 몰랐을 것이다.

열심히 뻗고 나아가는 일이 자신을 키운 손에서 멀어지는 일인 줄을 몰랐을 것이다. 손 짚을 데도 발 디딜 데도 없는 불안한 허공으로 나아가는 일인 줄을 차마 몰랐을 것이다. 아래에선 꽃을 피우기도 하고 응원하기도 하며 부지런히 발을 받치며 올려보지만 앞길에선 그저 넓은 허공만 만나는 건 줄 차마 몰랐을 것이다.

아. 하지만 이것도 차마 몰랐을 것이다.

그 허공 속에서 어디로 가야 하나 막막하게 흔들릴 때 사실은 그 허공이 자기를 꼭 껴안아 주고 있다는 것도 차마 몰랐을 것이다. 부름받은 대로 가는 길은 넓은 허공으로 나아가 그 세상을 그대로 느끼는 것임을 차마 몰랐을 것이다.

자기를 품은 허공이 있어,

허공 속으로 나아가는 모습이 더욱 돋보이고 아름다운 거였다. 자신을 응원하던 꽃들도 그때가 가장 아름다웠던 거였다. 모든 것들이 저 허공에 안겨 아름다워 보이는 거였다.

거기 허공을 떠난 꽃들이 안타깝게 지고 있었다.

장미의 고백

향기가 더 아름다우냐. 얼굴이 더 아름다우냐.

그런 비교나 질문은 하지 말아요. 그건 장미의 자랑이 아니에요. 아, 그가 어쩔 수 없는 가시도 따지지 말아요. 바쳐진 마음만 느껴주세요. 가장 아름다운 모습으로 자신을 베어 봉헌하는 마음, 그 봉헌을 받아 감사하는 마음, 기뻐지는 마음만 생각해주세요.

장미가 창조된 사랑과 그 사랑을 전하는 모습과 그 사랑을 알아보는 마음을 이어가는 사랑의 삼위일체.

가시는 가시가 아니었어요.

산을 그리면

산을 그리면 당연히 하늘은 있는 거였다. 산을 그리면 보이지 않아도 당연히 거기 굽이굽이 길이 있고, 나무가 보이지 않아도 나무가 있고, 나무들의 얘기가 들리고, 새가 보이지 않아도 새소리가 들린다. 저 굽잇길을 돌아가면 어디선가 맑은 물도 흐르고, 지친 발길 쉬게 할 어디쯤에서 새 둥지 같은 집도 놓여있었다.

생의 꿈을 만나는 건 그렇게 먼저 산을 그리는 일이었다. 산을 그리면 자연스럽게 하늘이 배경이 되어주고, 그 풍경 속에서 살아있는 것들이 같은 길을 가는 꿈을 만나는 거였다. 마음이 그리는 산을 따라가면 우린 같은 하늘 아래 같은 길을 가는 거였다.

열대야의 폭력

폭염의 날들이 이어지는 열대야의 기록. 언제부터 시작되었는지 기억할 필요도 없다. 그래도 시원한 아침을 기대하며 산을 오르는데 여전히 열대야를 예고하는 하루가 앞에 버티고 있다. 풀이며 나무들이 신선한 아침맞이를 준비했지만, 시절이 하 수상하여 아침다운 아침을 잊은 지 오래다.

기후 위기의 아침, 그들에게 강요된 열대야

아침이면 시원하게 시작하던 기대와 믿음이 사라져간다. 사람들은 이제 산이 준비한 아침은 아랑곳없이, 열대야를 예고하는 고집스런 폭염의 날을 피해 자연을 먼저 찾지 않는다. 시원하게 냉방된 실내 공간에서의 아침을 찾는다. 유기화합물이 된 오랜 역사의 퇴적층에서 잠자고 있던 에너지원을 찾아 뜨겁게 태워 열기를 밖으로 내보내고, 대신 밀폐된 공간에 시원한 공기를 채우며 시원한 하루를 즐긴다

저 능력은 시원한 자기들만의 아침을 독점하기 위해 생명의 산소를 불태우며 계속 죽음의 탄소를 내뿜는 힘. 사방에 뜨거운 열기를 공급하면서 역으로 시원함을 독점하는 힘. 그러니까 힘으로 배제하고 힘으로 독점하는 환경을 만드는 일이다. 기후 위기는 이렇게 만들어지고 있다. 나의 편함을 위해 나의 불편을 다른 이들에게 내보내는 일이었

다.

사랑한다는 사람들의 싸움도 종종 열대야처럼 시원한 감정을 독점하기 위해 죽음의 감정을 내뿜는 일과 같다는 생각이 든다. 내가 살기 위해서 다른 생명을 배척하는 일이다.

무더위를 견디고 사랑하는 것들에게 경의를

찜통 같은 한여름 더위 속에서 머리 풀고 옥수수가 익는다. 고개를 숙이며 벼가 익는다. 누군가의 양식이 되는 것들이 나를 살리는 양식이 되기 위하여 한여름 무더위를 꿋꿋하게 사랑하고 있다. 그래도 사랑이 부족하다 싶었는지 열대야도 뜨겁게 견뎌내고 있다.

나의 양식이 되기 위해 밤낮으로 잠 못 이루며 뜨거웠을 아버지 어머니의 가슴처럼 저 무더위를 견디고 있다. 당신이 아닌 다른 이를 위해서 이 뜨거움을 사랑하고 견디고 있다.

내 뜨거운 가슴 안에서도 무언가가 양식이 되기 위해 익는 중일까. 누군가를 위한 양식이 자라고 있는 것일까. 모두가 피하고 싶어하는 저 무더위를 누군가를 살리기 위해 기꺼이 견디고 사랑하는 모든 이들에게 경의를.

처서(處暑)

깊이 사랑했던 사람은 그가 사랑한 이를 쉽게 떠나갈 수 없다. 뜨거운 열정에 푹 젖어있을수록 시원하게 헤어질 수는 더더욱 없다. 하늘이 비 뿌리며 재촉하여도 그의 뜨거운 가슴은 식지 않아 오래 추억을 곱씹으며 자꾸 뒤를 돌아볼 것이다. 그의 사랑을 원했던가, 원치 않았던가? 그건 별로 중요하지 않아 그는 떠나가면서도 뜨거운 가슴을 몇 번씩 보여 줄 것이다.

그러니 차마 그렇게 떠나야 하는 이에게 우리는 경의를 표해야 한다. 밤잠을 설치면서 최선을 다하여 사랑한 그의 뜨거운 가슴을 한참은 받아주어야 할 것이다.

가을이 가끔은 외롭게 찾아오는 이유이다.

나무에게도 버리지 못하는 욕심

나무에게서 마음을 비우는 삶을 배운다고 했던가. 하지만 욕심이 없는 것처럼 보이는 나무에게도 죽을 때까지 버리지 못하는 욕심이 있다. 이파리든 열매든 키운 것 다 내어주면서도 절대 버리지 못하는 욕심. 그것은 무엇으로든 생명을 살리는 양식이 되겠다는 소명, 더 풍요로운 양식으로 살아나겠다는 소명에서 오는 욕심이다.

그 바탕에는 그 소명을 포기하지 못하는 집착, 그 소명을 지켜주고 싶은 뿌리의 집착이 있다. 나무의 소명을 사랑하고 응원하는 뿌리의 집착. 아무리 땅이 가물고 얼어붙으며 뿌리를 힘들게 해도 그 땅을 포기할 수 없는 뿌리의 집착이 깊게 뿌리 내리고 있다. 아무리 집착을 버리고 자유로워지라고 하지만 그것을 버리면 나무의 소명을 지켜낼 수 없기에, 나무는 겉으로는 마음을 비운 듯 모든 걸 털어놓는 것 같아도 자기를 지탱해주는 뿌리의 집착을 모른 척 할 수가 없다.

그러나 그건 자기만을 위한 욕심도 집착도 아닌 보시(報施). 그래서 나무는 뿌리와 함께 한몸 한마음으로 같이 응원하며 살아내기로 한다. 그건 뿌리가 없으면 더 이상 버릴 것도 없는 것들, 움직일 수 없는 것들이 생을 살아내는 방식이다. 열심히 건강하게 살아 자신을 보시하는 것, 움직일 수 없는 것들이 살아있는 것들의 삶에 기여하는 방식이다. 욕심을 버리면서 보시하겠다는 집착.

더위 속 입추

가을이 들어선다는데도 세상은 여전히 여름 속에 있고, 중년을 넘어선다는데도 마음은 여전히 젊음 속에 있다. 사랑을 할 때에도 마찬가지여서 하나가 떠날 준비를 할 때, 다른 하나는 여전히 끈적끈적하게 그 사랑을 고집한다. 이 고집과 미련은 늘 여름 더위처럼 기세등등해서 종종 오늘의 비가 입추를 알리며 비를 뿌리고 있다는 걸 잊어버리고, 계절과 세월과 이별의 움직임을 눈치챌 여유를 주지 않는다.

그러다가 이 비의 틈새를 찾아 낯선 바람이 들어오면 가을이니 중년이니 이별이니 하는 말들이 애교처럼 들리고 어디에선가 그 더위의 기세가 불안해지기 시작한다. 더위의 고집과 미련이 진짜 고집 진짜 미련으로 여겨진다. 시간의 지혜는 미래를 준비시키지만, 한창 현재에 익숙할 때 예고되는 미래는 종종 잊고 싶어진다.

오늘이 입추라고 비를 뿌려도 여전히 기세등등한 여름이다. 입춘일 때 서둘러 봄을 고대하지만, 입추일 때는 그대로 여름을 고집한다. 좋은 시절이 오는 건 기다림이고 좋은 시절이 가는 건 아쉬움이다.

가을 단풍

문득 돌멩이처럼 날아온 쌀쌀함에 반갑게 맞이하던 햇살과 공기가 달라지고 있다. 그것을 아는지 우리가 바라보던 숲에는 나무며 풀들이 아침 저녁으로 깊이 명상을 한다. 같은 생각 같은 모습으로 같은 곳만 바라보며 달려오던 것들이 깊은 고요 속에서 제 삶을 돌아보며 이제 자기 생각 자기 모습을 생각한다. 달려온 시간과 달려갈 시간의 프리즘을 통해 자기의 색깔이 드러나기 시작한다.

그 색깔을 좇아 살아있는 것들이 자신이 좇아 달려온 색깔을 버리기 시작한다. 그리고 노랑 빨강 주황…. 자기의 본래 색깔을 좇아간다. 깨달은 만큼 제 모습을 드러낸다. 푸르러지는 숲에 같이 있어 다들 같은 생각 같은 모습으로 살아야 하는 줄 알았다가, 그저 아무 생각 말고 푸르기만 하면 되는 줄 알았다가, 해와 바람과 공기와 물 모두가 그렇게 살라고 있는 줄 알았다가, 이제까지의 삶을 다르게 보는 시간을 만난다.

그렇게 달라진 세상을 바르게 보는 순간 우리도 우리가 잊고 있던 자아를 찾아보게 된다. 다른 모습으로 제 길을 가도 숲이 더욱 아름다워지는 걸 안다. 이제 숲에 있던 것들은 같은 생각 같은 모습으로 어울리지 않아도 더욱 아름답다. 서로의 다른 색깔로 같이 있어 더 아름답다. 서로의 다름을 알고 어우러지는 나무들이 더 아름다운 숲을 이룬다. 그들을 좇아가다 보면 사람들의 숲도 그렇게 아름다워지겠지.

구조조정하듯 부는 바람

무슨 구조조정을 강요하듯 바람이 세차게 분다. 나무를 정신없이 흔들어놓는다. 나무는 바람에 맞서는 것일까 그저 홀려 흔들리는 것일까? 저 바람엔 아무런 대의가 없는데, 나무는 당당하고 싶어도 저 바람을 어쩔 수 없다.

사람도 저 바람 같을 때 있어 아무 명분도 없이 바람을 일으키고, 사람도 저 나무 같을 때 있어 영문도 모른 채 흔들린다. 그러다가 제 가지 몇 개 부러뜨리고 찾아온 평안에 잎새를 살랑거린다.

바람이 하는 짓 사람이 할 짓이 아니지. 대의도 없이 영문도 모르게 살아있는 것들을 흔들리게 하는 일이라니. 그래도 거기 새 둥지는 늘 안전하다.

나무가 말하길

새로 싹이 나고 꽃이 핀다고 설마
내가 겨울을 이기고 봄을 불렀다고 생각하지는 마시게
나는 특별히 봄을 좋아하고 겨울을 싫어한 적 없다네
그저 봄이 올 때 봄의 부름에 민감하게 응답하고
겨울이 올 때 겨울의 부름에 열심히 준비할 뿐
그렇게 응답하지 못하면 나는 살아있는 게 아니라네
마음에 드는 것을 고집하며 부름에 앞서 기대하거나
부름에 뒤처지며 우울해하는 건 내 천성이 아니어서
서둘러 봄을 희망하거나 겨울에 절망하고 싶지 않다네
그저 열심히 부름에 준비하고 응답하며 살아갈 뿐이네
그러니 희망을 얻고 우울을 위로받고 싶을 땐
어떤 부름에든지 성실하게 준비하고 응답하면 된다네
어떤 부름이 들리는가?

바람에는 색깔이 없다

내가 좋아하는 바람은 무슨 색깔이냐고 묻지 마라. 빨간색도 파란색도 아니다. 아니 바람에겐 색깔이 없다. 그러니 내가 무슨 바람의 색깔을 찾아 그 색깔을 좋아하거나 열망하는 것은 아니다. 바람에 흔들리거나 머리를 숙인다고 내가 바람의 색깔에 경의를 표하는 것이라 생각하지 마라.

바람에 흔들리거나 바람을 좇아 머리를 숙이는 건 그저 바람이 흔들어놓는 힘, 나를 흔들어 내가 살아있음을 일깨우는 힘, 그 힘에 고개 숙여 경의를 표하는 것뿐이다. 그 힘이 강할수록 더욱 낮게 엎드렸다 일어나면서 잘 살아내 보겠다고 다짐하는 것뿐이다. 내가 잊어버렸거나 무시해버렸던 나의 자리와 살아내고자 하는 불굴의 의지를 확인시켜준 데 대하여 그저 가능한 최상의 경의를 표하고, 온몸으로 바람이 일깨워 준 삶을 좇아가고 싶은 것뿐이다.

너의 바람과 나의 바람이 다르냐. 너의 바람과 나의 바람이 다른 게 아니라 그저 바람이 일깨운 것이 다를 뿐이다.

가을 숲으로 가다

무슨 일이 있었을까? 숲이 자람을 멈췄다. 갖은 비바람과 가뭄에도 더욱 울창해지고만 싶던 숲이 더 크게 자라려는 경쟁을 멈추고 더 이상 제 몸을 불리지 않기로 했다. 도둑맞고 잃어버리는 것 있어도 아깝다고 애써 발버둥치지 않기로 했다. 더 이상 잃은 것 메울 기회 없다고 상심하며 초췌해지는 짓도 그만두기로 했다. 그냥 다 받아들이고 내어주기로 했다. 이미 다 내어준 것들도 있다.

그렇게 숲속의 것들이 경쟁을 멈추기로 하자 숲이 단풍으로 물들기 시작한다. 경쟁을 멈추니 서로의 색깔이 보인다. 경쟁하느라 차마 저 색깔을 보지 못했다. 제 것 챙기는 일보다 챙겨주지 못한 것들이 그리워졌을까?

"다 용서할 테니 모두 내게 오라
경쟁한 것은 다 내어주고 그리운 마음만 가지고 오라
내가 너희를 편히 쉬게 하리라."

경쟁하느라 주고받은 상처는 용서하고 용서받을 일만 남았다. 뒤처진 것 앞선 것 모두 앞서거니 뒤서거니 경쟁을 멈추고, 그리워하며 용서하고 있다. 이 숲으로 들어오면 같이 숲처럼 물들고, 같이 그리워하고 용서할 수밖에 없다.

보시(報施)하는 계절

가을은 결실의 계절이라는 상투적인 말을 생각해 본다. 아니다. 사실은 보시(報施)하는 계절이다. 내가 키워내던 것을 자랑하는 시간도 아니고, 더 이상 키워낼 수 없어 우울해지는 시간도 아니고, 그것을 내가 가질 수 없어 아쉬워하는 슬픈 이별의 기간도 아니다.

오히려 자기가 키워낸 것들로 생명을 살리는 보시의 계절이다. 열매나 씨앗을 내주지 못하는 생명들은 아예 제 몸 전체를 다른 생명을 살리는 양식으로 내어 준다. 그러면서 제 삶을 완성한다. 내어주면서도 그것을 가장 곱게 포장하여 내어준다. 이미 다 내주고도 더 내줄 것 없나 자신을 돌아보다가, 상처 입은 이파리여도 말라비틀어진 이파리여도 다 내어주는 나무들, 충분히 가난해졌음에도 다 비울 때까지 내주는 나무들의 숲. 그런 그들을 위로하고 축복하듯 다 비워내는 나무들의 가을 숲에는 서로가 나누고 내주는 선물로 가득하다.

거기서 가난해질수록 부자가 되는 나무를 본다. 가난해질수록 마음이 부유해지는 것들의 숲. 제 생명을 내주는 것이 죽음이 아니라 살리는 일임을 알게 되는 숲. 숲이 보시하는 시간은 쓸쓸할 수 없다.

슬퍼서 단풍 숲으로 왔다고 했다

단풍 숲에서 만난 중년의 남자. 얼마 전 직장에서 좋은 평가를 받아 승진했다고 했다. 능력위주 사회, 학벌주의 타파, 지역비례 선발. 다 좋은 말이라 생각했다고 했다.

그런데 어느 날, 계약제 일자리였지만 능력도 있고 학력도 좋고 일머리도 좋아 같이 일했던 동료들로부터 같이 일하고 싶은 대상 1호로 꼽혔던 딸이, 모두 회피하고 싶은 대상인 다른 동료에게 밀려 재계약 평가 면접에서 덜컥 떨어졌다는 소식이 낙엽처럼 날려 왔다고 했다.

눈물처럼 자신감이 뚝뚝 떨어져 내리는 아이를 보며 아이의 탈락이 그날 들은 자신의 승진과 바꾼 것 같고, 아무리 좋은 정책이나 구호도 다 거짓 핑계 같았다고 했다. 어디선지도 모르게 날아온 돌팔매를 맞은 듯, 이건 어느 특정인 선발을 호도하기 위한 능력주의 우선 돌팔매, 학벌주의 타파 돌팔매, 지역균형 우선 돌팔매라는 생각이 들었다고 했다.

언어맞으면 아무리 당연한 말도 선뜻 동의하기 어려운 슬픔, 인재의 역량을 알아보지 못한 평가관들에 대한 서운함, 부족한 동료의 합격이 부당하다고 비판하게 되는 자괴감, 짧은 자기소개와 잠깐의 면접으로 마음을 잡지 못하면 그 이유를 능력과 학벌과 지역 탓으로 돌려야 하는 슬픔. 무엇 때문인지 모르게 그것을 부모가 자기의 무능력처럼 받아들여야 하는 슬픔.

그래서 단풍 숲으로 왔다고 했다. 고운 단풍 같은 아버지의 승진이 이파리의 아름다운 때를 빼앗는 슬픔 같아서 아이의 서운함과 슬픔을 안고 단풍 숲으로 왔다고 했다. 자식을 대신할 수 없는 아버지의 슬픔을 안고 단풍 숲으로 왔다고 했다.

난 무슨 마음으로 왔을까 생각하다가 생각하기 싫었다. 옆에서 같이 걸어가는 일밖에.

단풍

십자가 수난을 뻔히 알면서도
그 수난을 의연하게 받아들인 예수처럼
나무들이 쌀쌀해진 숲으로 들어갑니다
추운 수난이 나무를 붉게 물들이고
숲의 세상이 슬프게 아름다워집니다
슬픈 아름다움에 사람들이 찬탄합니다
쌀쌀한 수난이 가슴 벅찬 단풍이라니
순순히 수난을 받아들이는 삶이
세상의 변화를 예고하고 있습니다
용서하듯 슬픈 수난을 다 털어낸 자리에
이제 새로 채워질 새로운 세상
희망으로 살아낼 세상을 꿈꿔봅니다.

백로(白露)[9]

만나는 모습은 같은데 느낌이 다르다. 갑자기 찾아오는 서먹한 침묵. 이젠 사랑받을 일 없다 예감했는지 나뭇잎들이 꼼짝하지 않는다. 왜 그러냐고 바람이 흔들어놓아도 바람의 손길도 예전 같지 않다. 그러니 움직여도 그저 흔들리는 것일 뿐. 바람의 손길이 중요한 게 아니다. 바람 속에 숨은 의도를 알아차린 침묵.

변함없는 사랑에도 시간을 기억해야 할 때 있어 바람의 손길에도 뭔가 아쉬움이 있다. 이제 은총을 받는 것들이 알아서 움직일 시간, 이제 기쁘게 자라는 일은 그만. 변함없는 사랑을 기대하는 건 항구함을 변덕으로 맞서는 경박한 투정이다. 이젠 사랑을 넘겨줄 때라 생각하고 이별을 준비하는 시간. 침묵의 고집이 밤처럼 깊어 갈수록 다 그런 거라 한다.

영원한 건 없다고 한다. 사랑을 지속하는 일이 영원할 뿐, 살다보면 이럴 때가 오게 마련이라 한다. 그래서 나뭇잎들은 아침마다 이슬 같은 눈물에 젖을 것이고 울긋불긋 가슴이 아파올 것이다. 저들을 사랑한 나도 같이 아프다. 그들은 제가 키워온 잎에 자기가 좋아하는 색을 입히며 그 아픔을 아픔이 아닌 것으로 만들 것이다.

---

9) 백로 : 24절기의 하나로 열다섯 번째. 음력으로는 8월절, 양력으로는 9월 8일께이다. 처서(處暑) 다음, 추분(秋分) 앞의 절기. 밤 동안 기온이 크게 떨어져 대기 중의 수증기가 엉겨서 흰 이슬이 내리며 가을 분위기가 완연해진다고 백로라는 이름이 붙여진 날이다.

나무가 되어보기로 합니다

어디론가 떠나고 싶은 날, 떠날 수 없으면 그냥 나무가 되어보기로 합니다. 그립거나 외롭거나 행복하거나 한결같이 이파리를 내고 흔들리는 일로 이야기하고, 그것들 버리며 당신의 이야기를 듣는 나무가 되어보기로 합니다. 더 크고 울창해지는 일 아랑곳하지 않고, 자신을 비우고 채우는 일상의 습관만으로도 사람들에게 많은 생각을 열게 하는 나무가 되어보기로 합니다. 바람이 치면 바람이 치는 대로 땡볕이 내리쬐면 땡볕이 내리쬐는 대로, 그냥 무덤덤한 나무가 되어보기로 합니다.

나를 붙잡아 지탱해주는 당신이 있어 안심하고 자유롭게 허공을 채우는 것만으로도 내가 있는 풍경이 아름답게 살아나는 나무가 되어보기로 합니다.

쌀쌀한 마음은 따뜻한 마음을 기억한다는 것

차가운 바람을 자주 맞다 보니 몸이 따뜻한 몸이었다는 걸 걸 잊어버린다. 본래 차가운 건 줄 안다. 그래서 차가운 말에 몸이 먼저 차갑게 반응한다. 차가운 느낌이 들면 몸이 원래 차가움을 녹이는 따뜻한 몸이었던 걸 잊어버린다. 따뜻하게 잡아주는 손도 차갑게 만들어버린다. 차가움이 나를 차갑게 하는 게 아니라 내가 차가워진 거였다. 그래서 옆에 있는 것들이 같이 차가워지는 거였다.

그런데 그 차가움이 따뜻함을 기억하게 하는 거였다. 차가움은 나를 얼어붙게 하는 것이 아니라 따뜻해지고 싶게 하는 거였다. 따뜻해지고 싶은데 차가움을 느끼는 건 내가 따뜻함이었다는 거였다. 내가 살아있다는 걸 생각나게 하는 거였다. 차가운 손도 오래 잡고 있으면 따뜻하게 녹아드는 거였다. 잡아주면서 내가 녹여지는 거였다. 살아있다는 게 몰려드는 차가움을 버티고 싶다는 것, 쌀쌀한 마음은 따뜻한 마음을 기억한다는 거였다.

겨울 뒤 봄이 올 때가 더 춥다

아직 봄은 멀리 있지만, 봄이 오는 발걸음 먼저 듣고 싶은 마음이 있다. 봄을 환영하러 서둘러 거리로 나서고 싶은 마음들을 보라. 추위를 따뜻하게 해주던 따뜻한 마음, 그 기억을 잊고 싶지 않은 겨울을 서둘러 외면하고 괄시하는 마음들을 보라. 아직 바람은 여전히 추운데도 봄바람이라고 따뜻하다며 환대하는 마음들을 보라. 그래서 봄이 올 때 겨울은 더 춥다. 겨울이어서 더 따뜻했던 마음들이 봄이 온다고 서둘러 그 마음을 잊어버리기에, 봄에 밀려 떠나는 겨울의 등이 오히려 더 춥다.

이른 봄처럼 떠나는 이를 더 슬프게 하는 계절은 없다. 마치 같이 지냈던 겨울은 악이 되고, 찾아오는 봄은 선이 되는 때. 봄이 온다고 갑자기 겨울을 냉대하는 마음 때문에 겨울에 더욱 따뜻했던 마음이 갑자기 잊혀지는 기분이다, 아니, 봄이 오기도 전부터 겨울이 서둘러 결별하고 싶어지니 겨울이 더 춥게 느껴질 만하다.

오히려 봄이 올 때 따뜻함을 알게 해준 겨울에 감사하고 싶어진다. 아직 온전히 오지 않은 서둘러 봄을 찬미하며 환영하기보다 그동안 따뜻함을 알게 해준 겨울에 감사하기, 우리가 만들어냈던 따뜻함과, 그 따뜻함을 유지하기 위해 계속 우리의 마음을 모으게 해준 겨울에 감사하기. 사람들은 이 환절기를 거치면서 아프기도 하고 성장하는 것이다. 떠밀리는 겨울의 등을 향해 봄이 콧소리로 말한다. "감기 조심하세요~."

한파의 날씨에 보는 간절함

한파가 몰아친 날 꽁꽁 얼어붙은 개천 주변을 산책한다. 거기 풀과 돌이 서로 엉겨 붙어 있는 모습을 본다. 추울수록 서로를 단단히 껴안고 싶어지는 건 따뜻한 피가 돌아야만 살 수 있어서만이 아니다. 삶을 그냥 흘려보내고 싶지 않은 절실함 때문이다. 작은 물길 하나라도 생명 살리며 모이는 정성, 그 정성이 모여 순례를 한다.

그 정성으로 순례하며 만나게 되는 땅에는, 땅에 사는 것들을 사랑하여 은밀하게 땅속에 스며든 간절함이 있다. 그들도 추울수록 더 단단히 껴안고 싶은 때 있다. 그냥 흘러가 버리면 언제 어떻게 사라져버릴지 몰라, 같이 어울려 생명을 살리던 정성과 사랑과 간절함, 같이 있던 그 순간을 온전히 기억하려는 절실함이 있다. 그 절실함으로 한파를 핑계 삼아 흘러야 하는 본성을 거스르면서까지 생명을 살리던 순간을 꽁꽁 얼려 남기고 싶을 때 있는 것이다.

그 절실함으로 단단히 껴안아 강물이 얼고 땅이 언다. 생명을 살리려 얼지 않고 부지런히 흘러야 하는 열정과, 그 열정의 순간을 기억하고 보여 주려는 절실한 냉정이 한파의 날씨에서 같은 마음으로 만난다. 그래서 흘러가 버리면 그리울 것들이 멈추고, 그 멈춘 시간을 기억하며 아름다운 풍경이 된다.

폭설

너는 이미 어려운 고백을 한 터
네 모습만 보아도 기쁘고
굳이 서두르지 않아도
소식만으로 가슴이 설레는데
여유를 부리며 천천히 와도 되는데
오늘은 웬 폭설
이미 세상은 하얗게 변하고
눈이 요란하게 사방으로 흩날리며
잠든 창문을 두드리고 있다
부산을 떨며
사람을 불러내는 소리
잠든 추억을 깨우는 소리
하지만 소리 없는 말
듣고 싶은 사람만 들리는 말
다 같이 듣지만
각자의 언어로 들리는 말
오늘 같은 날은
시공(時空)을 넘어
저 말을 알아들은 사람끼리
저 폭설에 세상과 격리되어
같이 봉쇄되는 꿈을 꾸어도 좋은 날.

이광용 명상록

의자가 있는 풍경

초판발행일 2025년 2월 21일

지은이 : 이광용

발행인 : 김순진

편집장 : 전하라

디자인 : 김초롱

펴낸곳 : 도서출판 문학공원

등　록 : 2004년 3월 9일 제6-706호

주　소 : 우편번호 03382 서울 은평구 통일로 633
녹번오피스텔 501호 스토리문학사

전　화 : 02-2234-1666

팩　스 : 02-2236-1666

홈페이지 : https://blog.naver.com/ksj5562

이메일 : 4615562@hanmail.net